영업 좀 하는 K-언니

KB220760

셀프헬프
self·help
시 리 즈

"나다움을 찾아가는 힘"
사람은 매 순간 달라진다. 1분이 지나면 1분의 변화가, 1시간이 지나면 1시간의 변화가 쌓이는 게 사람이다. 보고 듣고 냄새 맡고 말하고 만지고 느끼면서 사람의 몸과 마음은 수시로 변한다. 오늘의 나는 어제의 나와는 전혀 다른 사람이다. 셀프헬프self·help 시리즈를 통해 매 순간 새로워지는 나 자신을 발견하길 바란다.

영업 좀 하는 K-언니

누적 1500억 계약한 KT 수주의 여왕

초판1쇄 발행
2025년 5월 1일

지은이
김진영

펴낸이
김태영

펴낸곳
씽크스마트 책짓는 집

주소
경기도 고양시 덕양구
청초로 66
덕은리버워크 B-1403호

전화
02-323-5609

출판사 등록번호
제395-313000025
1002001000106호

ISBN
978-89-6529-073-5
(03320)

정가
17,000원

ⓒ 김진영

이 책을 만든 사람들

책임편집
김무영

편집
신재혁

홈페이지
www.tsbook.co.kr
인스타그램
@thinksmart.official
이메일
thinksmart@kakao.com

* 씽크스마트   더 큰 생각으로 통하는 길
'더 큰 생각으로 통하는 길' 위에서 삶의 지혜를 모아 '인문교양, 자기계발, 자녀교육, 어린이 교양·학습, 정치사회, 취미생활' 등 다양한 분야의 도서를 출간합니다. 바람직한 교육관을 세우고 나다움의 힘을 기르며, 세상에서 소외된 부분을 바라봅니다. 첫 원고부터 책의 완성까지 늘 시대를 읽는 기획으로 책을 만들어, 넓고 깊은 생각으로 세상을 살아갈 수 있는 힘을 드리고자 합니다.

* 도서출판 큐   더 쓸모 있는 책을 만나다
도서출판 큐는 울퉁불퉁한 현실에서 만나는 다양한 질문과 고민에 답하고자 만든 실용교양 임프린트입니다. 새로운 작가와 독자를 개척하며, 변화하는 세상 속에서 책의 쓸모를 키워갑니다. 홍겹게 춤추듯 시대의 변화에 맞는 '더 쓸모 있는 책'을 만들겠습니다.

자신만의 생각이나 이야기를 펼치고 싶은 당신. 책으로 사람들에게 전하고 싶은 아이디어나 원고를 메일(thinksmart@kakao.com)로 보내주세요. 씽크스마트는 당신의 소중한 원고를 기다리고 있습니다.

영업
좀 —— 하는
K언니

김진영 지음

효과적인 영업 소통 현장으로 이끄는 책

〈영업 좀 하는 K-언니〉는 기업 현장에서 영업을 담당하고 있는 전문가가 겪은 경험과 사례 그리고 성공적인 영업과 영업에서의 효과적인 소통에 관한 유익한 팁을 담고 있다. 영업은 고객과의 소통으로 시작하여 소통으로 영업을 이끌어가고 소통으로 마무리해 성과를 내는 업무라는 점에서 저자는 다양한 영업 상황에서 효과적인 소통의 방법과 태도를 이해하기 쉽게 설명하고 있다.

어떻게 거절의 두려움을 극복하고 영업을 시작하는지, 성향이 다양한 고객과의 소통은 어떻게 해야 하는지, 언어와 비언어를 영업 미팅에서 어떻게 효과적으로 활용할 수 있는지, 성장하는 영업자는 어떻게 전략적으로 실천하는지, 그리고 영업자에게 필요한 피드포워드 리더십이란 무엇이고 어떻게 이를 활용해야하는지 등에 관한 생생한 영업과 소통의 현장으로 독자들을 초대한다.

소통은 다양한 상황에서 적합한 언어, 상징, 매체 등을 활용하여 자신의 생각과 감정을 상대방에게 효과적으로 표현하고 전달하며 상대방의 생각과 감정을 경청하고 존중하는 행위 또는 능력을 의미한다. 흔히 소통 능력, 소통 역량이라는 용어로 사용되고 있으며, 타인과 비교하여 우수한 소통 특성을 활용하여 소기의 성과를 달성하는 데 요구되는 인간의 중요한 특성이라고 할 수 있다.

효과적인 영업 소통 현장을 다루고 있는 이 책은 마케팅, 상담심리, 평생교육, 코칭 등 저자의 학문적 전문성에 근거하여 실제 경험과 사례를 다루고 있기 때문에 영업 소통에 대해 막연하고 추상적인 생각을 가지고 있는 독자들의 궁금증을 해소시킬 수 있을 것으로 기대한다. 무엇보다 대기업에서 영업과 컨설팅을 오랫동안 담당한 현장 전문가이자 교육학 박사로서 직접 겪으며 고민해 온 영업 소통에 대한 이야기와 유익한 가이드를 제공해주고 있다는 점에서 많은 독자들에게 귀한 영감을 줄 것으로 기대한다.

유기웅

숭실대학교 평생교육학과 교수, 교육대학원 커리어·학습코칭 전공 주임교수
한국인력개발학회 회장

비즈니스 성장의 고비를 넘는 법

대부분의 비즈니스 영역은 하루하루가 다르게 변화하고 진화해 나가고 있습니다. 그 중에서도 IT비지니스 부분은 변화의 속도가 가장 빠르고, 폭도 매우 깊습니다. 최근 시작된 AI혁명 이후 변화의 속도와 폭은 더욱 가속화되고 일반적인 예측을 벗어나고 있다고 보여집니다. 이러한 격변의 환경 속에서 비즈니스를 개발해내고 수행해나가는 일선의 담당자들에게는 심한 혼란이 있을 것입니다. 무엇이 올바른 길인지, 정확한 방법인지, 그리고 사업의 성공을 담보해낼 수 있는지가 불확실해지고 있습니다. 이런 상황에서 비즈니스 일선에서 새로운 기술을 새로

운 업무에 접목시키려는 IT비지니스 담당자분들에게 가장 필요한 것은 바로 Back to Basic, 즉 기본과 원칙에 충실한 것이라고 생각합니다.

고객의 말을 경청하고, 겸손하고 배우려는 태도로 고객의 신뢰를 얻고 함께 돌파해나가는 것이, 가장 기본이고 또한 중요한 마음가짐이라고 확신합니다. 다양한 사안들에 대해 진심으로 충실하게 절실한 마음가짐으로 대하면서 매순간 노력해 나간다면 어느새 전보다 발전된 스스로의 모습을 확인할 수 있을 것입니다.

〈영업 좀 하는 K-언니〉는 저자의 오랜 비즈니스 경험을 바탕으로 고객에 대한 공감과 태도, 그리고 비즈니스 전략을 체득하는 방법에 대해 실용적인 내용을 담고 있습니다. 비즈니스가 어렵고 혼란스러운 성장의 고비를 맞은 분들에게 큰 도움이 될 것으로 확신합니다.

박 철 우
KT 금융사업본부장 상무

프로에게 배우다

"영업은 고객의 삶에 가치를 더하는 예술이다"는 가치관과 신념을 갖고서 영업을 예술로 만드는 영업프로. 프로가 되기 위해서는 프로에게 배워야 한다. 일독을 권한다.

최 염 순
데일카네기코리아 창립자, 회장

30년이 넘는 시간동안 성실하게 진심을 다해 영업현장을 뛰어다니면, 뒤에 오는 누군가에게 전해줄 말이 생기나 봅니다. 이제 시작하는 분이나, 다시 시작하는 분이나 〈영업 좀 하는 K-언니〉를 통해, 좀 더 가볍고 산뜻한 출발을 기대해 봅니다.

곽현영 현대홈쇼핑 경영지원부문장 상무

영업사원의 소통력은 고객과의 우호적인 관계구축과 제품과 서비스의 가치에 대한 신뢰를 얻는 중요한 역량입니다. 〈영업 좀 하는 K-언니〉를 디지털 전환시대에 영업사원이 갖추어야 하는 진정한 소통력의 출발과 적시에 유용한 실천적 방법을 제시하여 강력한 나침반이 될 지침서입니다.

박준용 BGF리테일 디지털혁신본부장 상무

20년간 회사를 세우고, 운영하며 다양한 비즈니스 현장을 경험한 나에게 '소통'은 지침이자, 성장의 디딤돌이었다. 이 가치는 지금도 우리 회사 제품개발의 원천이 되고 있다. 우리 회사의 철학인 'Human Communication Platform'은 소통의 중요성을 담고 있다. 김진영 작가의 '당신이 잘 되면 참 좋겠습니다.' 라는 소통문구는 잠시 길을 잃고 멈춰선 순간, 누군가 전하는 따뜻한 위로와 같았다. '혼자 꿈을 꾸면 꿈이지만, 함께 꿈을 꾸면 현실이 됩니다.'라는 메시지와 함께, 따끔하면서도 따뜻함이 묻어나는 김진영 작가의 영업 성공 이야기 속으로 지금 빠져들어 가보자.

고훈호 티젠소프트 대표

그녀의 작은 체구에서 나오는 에너지는 이 책을 통해서만이 알 수 있습니다. 나의 인생에서 그녀의 영업노하우를 알수 있다는 건 너무 좋은 기회인 것 같습니다. 고객의 마음을 열기 위해 어떻게 영업을 해야할지 알고 싶다면 이 책을 적극 추천합니다.

김경란 도하경영컨설팅 이사

이 책은 선배의 생생한 경험과 진심 어린 조언이 담긴 영업 소통의 책입니다. 현장에서 바로 적용할 수 있는 실질적인 팁과 통찰을 통해, 후배들에게 꼭 필요한 길잡이가 되어줄 것입니다. 영업과 소통의 본질을 배우고 싶은 모든 분께 김진영 작가의 〈영업 좀 하는 K-언니〉를 강력히 추천합니다.

김세준 007양평점 실장

영업은 비즈니스의 시작이자 끝이다. AI 시대에도 변하지 않는 영업의 본질은 무엇일까? 저자는 30년의 현장 경험을 통해 그 길을 제시한다. 이 책에는 단순한 제품 판매를 넘어 고객의 마음을 사로잡는 소통의 비밀이 담겨있다. 고객과 함께 성공을 꿈꾸는 독자는 〈영업 좀 하는 K-언니〉를 몸으로 읽기를 권한다.

김지연 〈4차산업혁명 시대에 살아남기〉 저자, 한텍(주) 부사장

저자는 풍부한 현장 경험과 탄탄한 이론을 바탕으로 여러분을 영업 코칭의 세상으로 초대 할 것입니다. 이론을 딱딱하지 않게 사례를 바탕으로 풀어내는 방식으로 영업에 대한 두려움을 없애고 실질적 변화를 만들어 줄 것입니다. 이 책을 통해 성공할 독자들에게 미리 축하를 보냅니다.

김태호 심리코칭센터 대표, 국제코치연맹 MCC

영업의 세계는 끊임없는 변화와 도전으로 가득 차 있습니다. 그런 가운데, 김진영 작가님의 〈영업 좀 하는 K-언니〉는 비즈니스맨들에게 필요한 실질적인 통찰과 전략을 제공합니다. 이 책은 단순한 세일즈 기법을 넘어 고객의 마음을 이해하고 신뢰를 구축하는 테크닉을 상세히 설명합니다. 모든 산업에서 영업은 필수적이며, 효과적인 소통이 성과를 좌우합니다. 김진영 작가님은 실패를 두려워하지 않고 이를 성장의 기회로 삼는 방법을 제안합니다. 이 책이 독자 여러분의 영업 여정에 큰 도움이 되기를 기원합니다. 진심으로 출간을 축하드립니다.

김효임 헤이프 대표

김진영 작가의 〈영업 좀 하는 K-언니〉는 "와우"라는 감탄사와 함께 온몸으로 강렬한 열정과 에너지를 느끼게 합니다. 짧지만 임팩트

있는 구성 안에 방대한 내용이 함축되어 있음에도 불구하고, 쉽게 이해할 수 있다는 점이 놀랍습니다. 지금 제 가슴 속에서 느껴지는 뜨거운 감정을 글로 다 표현할 순 없지만, 한 가지 분명한 것은 이 책이 많은 사람들에게 변화의 시작점이 될 것이라는 사실입니다. 진심으로 출간을 축하드리며, 이 책을 통해 더 많은 사람들이 성공의 노하우를 전수 받길 바랍니다.

나용찬 예푸드 대표

저자의 오랜 영업 경험과 끊임없는 자기개발을 통해 다듬어진 영업 철학이 담긴 이 책은 후배들에게 큰 도움이 될 것으로 기대됩니다. 실전에서 얻은 생생한 팁과 통찰이 가득해서, 읽는 내내 많은 깨달음을 얻을 수 있을 겁니다. 영업의 진짜 노하우를 알고 싶다면 반드시 일독하시길 적극 추천 드립니다.

민병욱 도쿄일렉트론코리아 전무

영업은 곧 관점디자인에서 시작한다. 상대를 관철시키기 위한 건강한 출발 지침서!!

박근준 콜라겐랩-마왕족발 대표

30년이 넘게 영업을 해 온 저자는 영업에 많은 노하우를 갖고 있다. 거절부터 시작하는 이 책을 읽다 보면, 그 동안 숱한 거절로부터 계약을 따낸 저자의 세월의 지혜를 얻게 된다. 늘 자기계발에 열심인 저자는 대학교에서 겸임교수로 후학을 가르치고 있는데, 그녀의 당돌하고 베짱좋고, 과학적인 영업인의 모든 마인드를 이 책에 다 담았다. 우리의 모든 삶도 일종의 영업인데, 이 책을 영업인뿐만 아니라, 자기계발에 관심있는 모든 분들게 적극 추천합니다.

박 리 라 G포럼 대표, 경기대 AI전공 산학교수

　김진영작가의 〈영업 좀 하는 K-언니〉는 영업맨들이 비즈니스에서 처음 맞닥들이게되는 고객으로부터의 거절부터 고객의 성향파악을 위한 훈련, 고객과의 소통 및 성장하는 영업맨이 되기위한 모든 노하우를 습득할 수 있도록 안내해 실패가 실패로 끝나지 않고 성공으로 마무리 될 수 있도록 도울 것입니다. 진심으로 출간을 축하드리며, 이 책을 통해 모든 분들이 영업과 직장생활에서 성공하시길 기원합니다.

박 찬 용 RGA Reinsurance Company, Korea Branch 상무

　저자는 30년간 영업의 현장에서 잔뼈가 굵은 경험을 축적해온 영업 전문가이다. 저자가 언급한 처음 영업을 나갔던 때의 부담감은 사실 누구나 첫 만남, 첫 번째 자기소개 등에서 느껴지는 현실적인 어려움이었을 것이다. 현재 위치에서 과거를 돌아보면 내가 왜 그랬을까 하는 처음 기억이 있다. 지금 내가 알고 있는 것을 그때도 알았더라면 하는 생각이 들 것이다. 저자는 후배 영업인들에게 그런 마음으로 저자가 지나온 세월에서 경험한 소중한 노하우를 이 책에 체계적으로 담아 주고 있다. 또한 저자는 여성으로 경험할 수 있는 여러 차별적이고 불편한 부분들을 극복한 전문가이다. 그런 저자가 인생전반에 걸친 경험을 바탕으로 혼돈의 시기에 영업을 하는 모든 분들에게 비즈니스

의 기본이라고 할 수 있는 다양한 방법론을 제시하고 있다고 생각한다. 인생은 사실 영업이 아닌 것이 없고, 모두 연속된 영업의 성과와 실패의 축적된 결과이다. 본인은 이 책이 후배 영업인과 사회인들에게 필독서가 될 것이라고 생각하며 추천하는 바이다.

이상호 한국지역언론학회 회장, 경성대학교 예술종합대학 학장

이 책을 읽는 순간, 당신은 더 이상 어제의 자신이 아닐 것입니다. 단순히 영업을 넘어 진취적인 사고를 가지고 앞으로 나아가고 싶은 사람, 스스로를 성장시키고 싶은 사람이라면 꼭 읽어야 할 책이라고 생각합니다. 독자들이 이 책을 읽고 더 넓고 나은 세계로 꿈을 펼쳐나가길 기원합니다!

이원석 (주)바이오뱅크힐링 부대표

모든 영역에서 열정적인 김진영 작가님의 신작 출간을 축하드립니다. 모든 것이 디지털, AI화 되어가는 세상 속에서 역설적이게도 가장 중요한 것은 사람간의 소통이라는 것을 이 책을 통해 배웁니다. 수많은 영업환경에서 발생하는 많은 문제의 해결책은 결국 사람이라는 것을 느낄 수 있었습니다. 영업을 하시는 모든 분들께 필독서로 추천드립니다.

이지연 미래에셋증권(투자센터 목동WM)센터장

"진주처럼 영롱한 김. 진. 영 입니다" 카네기 코치과정에서 만난 김교수님은 정말 진주처럼 영롱하고 반짝반짝 빛나는 분이셨습니다. 12주

간의 과정동안 매주 "Breakthrough"하는 모습을 보여주시는 모습을 보면서 나도 저분처럼 되고 싶다라고 늘 속으로 생각했습니다. 집 방향이 비슷해 귀갓길을 여러 번 함께하는 행운이 마치 저에게는 말 그대로 영업구루에게 전수 받는 원포인트 레슨 시간이었습니다. 그때 들었던 귀한 이야기가 〈영업 좀 하는 K-언니〉에 담겨 있습니다. 도전하고 목표를 이루고자 하는 모든 분께 일독을 권해 드립니다.

유현열 데이토즈 대표영업사원

선배님은 항상 도전과 열정으로 대형 사업들을 성사시키며 영업의 본질을 몸소 보여주셨습니다. 〈영업 좀 하는 K-언니〉는 선배님의 경험과 통찰이 고스란히 담긴 귀중한 지침서로, 영업을 배우는 후배들에게 큰 영감을 줄 것입니다. 단순한 기술이 아닌, 사람과 신뢰를 중심으로 한 선배님의 영업 철학은 누구에게나 깊은 울림을 줄 것이라 확신합니다. 후배로서 이 책이 많은 이들에게 빛이 되길 진심으로 응원합니다.

정 준 삼성전자 Senior Professional

만날 때마다 삶의 새로운 영감을 주시던 김진영 교수님이 이 책에서 '영업은 삶을 변화시키는 예술'이라는 통찰과 함께, 진정한 소통의 가치를 통해 영업전문가의 길로 우리를 안내합니다. 30년 이상 한 회사에서 근무한 저자의 꾸준한 발자취가 만들어낸 깊이 있는 통찰로 독자들에게 실질적인 영감을 선사합니다. 〈영업 좀 하는 K-언니〉는 영업을 '삶을 변화시키는 예술'로 승화시키는 진정한 소통의 가치를 일깨워줍니다.

한수지 메디컴코리아 한국지사장

영업이라는 직군에 첫발을 내디딘 초보자부터 오랜 경험에도 불구하고 여전히 영업의 본질을 명확히 정의하지 못한 숙련자들까지, 〈영업 좀 하는 K-언니〉는 모두를 위한 실질적인 가이드입니다. 기존의 책들이 주로 이론적인 개념에 머물렀다면, 이 책은 영업의 기본 원칙부터 실전 훈련법, 그리고 이를 현장에서 효과적으로 적용하는 방법까지 체계적으로 다루고 있습니다. 단순한 기술이나 팁을 넘어, 영업의 본질을 깊이 이해하고 성과를 높이는 데 필요한 모든 것을 알려줍니다.

영업의 길에서 방향을 잃은 사람들에게는 나침반이 되어주고, 더 높은 목표를 향해 도약하려는 사람들에게는 강력한 도구가 되어줄 것입니다. 초보자에게는 성공의 발판을, 숙련자에게는 새로운 인사이트를 제공할 이 책은 영업의 본질과 실천력을 모두 갖추고자 하는 이들에게 반드시 추천할 만한 필독서입니다.

황태현 이음뱅크 팀장

당신이 잘 되면 참 좋겠습니다

"어렸을 때 꿈은 무엇인가요?"

어린 시절 호기심이 많고 문학전집에 푹 빠졌던 조용한 소녀는 어느 덧 200여건의 계약과 3,000명의 고객을 만난 베테랑 영업인이 되었습니다.

저는 감히 이야기할 수 있습니다. 영업이 지금의 나를 만들었다고. 그리고 내가 세상에 기여할 수 있게 해준 힘이라고요. 저에게 영업이란 늘 배우고 성장하는 삶과 같았습니다. 직장을 다니면서도 경영학, 상담심리학, MBA(마케팅학), 교육학 박사(평생교육학) 등 늘 공부를 놓지 않았습니다. 교육의 힘이 곧 업무 역량으로 이어지는 체험을 계속했기 때문입니다.

실제로 저는 기업고객(B2B)과 공공기관(B2G) 대상으로 영업과 컨설팅을 하면서 35회 이상의 대형 수주를 통해 1,500억 원의 수주 실적을 올렸습니다. 중요한 건 이 모든 성과가 긴장한 채 머릿속이 새하얗게 됐던 영업 초보의 한 걸음부터 시작됐다는 사실입니다.

〈영업 좀 하는 K-언니〉는 영업의 세계에 첫 발을 내디딘 분들께 전하고 싶은 메시지를 담았습니다. 영업은 단순한 거래가 아니기 때문입니다. 영업은 삶을 변화시키는 예술입니다. 달리 표현하면 '나로 인해 당신이 잘되면 참 좋겠다'는 마음가짐이기도 합니다. 영업은 고객의 삶에 가치를 더하는 하나의 예술이자, 세상을 더 나은 곳으로 만드는 힘과 같습니다.

고객이 잘되기를 바라는 마음으로 영업을 하다 보면 놀라운 변화가 일어납니다. 더 이상 영업이 부담스러운 일이 아니라 고객과 함께하는 즐거운 여정으로 바뀝니다. 우리는 단순히 상품을 판매하는 사람이 아니라 고객의 꿈과 목표를 실현하는 데 도움을 주는 동반자가 됩니다.

고객의 동반자가 되는 일

아직도 너무나 생생합니다. 처음 영업팀에 발령받았을 때의 긴장과 설렘, 그리고 팀장님과 함께 처음으로 고객사를 방문하던 날까지.

'어떤 말을 해야 할까?', '실수하면 어쩌지?', '질문에 대답을 못하면 어쩌지?' 같은 생각이 머릿속을 빙글빙글 돌았습니다. 여러 선배님께 조언을 구했지만, 다들 "편하게 하면 돼"라고만 하셨습니다. 조언을 듣고 오히려 부담은 더 커졌습니다. '편하게 하는 건 어떻게 하지?'라는 새로운 고민(?)이 더해졌으니까요.

드디어 고객사로 향하는 차 안, 심장 소리가 귓가에서 쿵쾅쿵쾅 울렸습니다. 손에는 식은땀이 흥건했고, 목은 바짝 말랐습니다. 팀장님이 챙기라고 하신 명함 20장을 보며 '오늘 이렇게 많은 사람들을 다 만나는 건가?'싶어 더 부담스러운 마음이었습니다.

고객사 사무실에 들어서자 총무팀, 정보팀, IT팀, 개발팀……. 제게는 마치 영화 속 한 장면처럼 낯선 얼굴들이 눈앞에 펼쳐졌고 모두 저를 바라보고 있었습니다. 제 입에서 나온 말이라곤 "안녕하세요, 김진영입니다. 잘 부탁드리겠습니다." 뿐이었습니다. 그리고 그 다음은 잘 기억나지 않습니다. 아마도 긴장 때문에 일시적 기억상실이 온 것인지도 모릅니다.

지금은 웃으면서 이야기하는 추억이지만, 당시 영업에 첫 발을 내딛던 저에게는 정말로 큰 도전의 순간이었습니다. 그 때부터 지금까지 30년이 넘는 시간 동안 저는 멈추지 않고 여전히 영업자의 삶을 살고 있습니다.

영업은 무엇을 판매하는 일을 뛰어넘어 '고객과 진정한 신뢰 관계를 쌓아가는 과정 그 자체'입니다. 거기에는 성공도 있지만 실패도 있습니다. 만남도 있고 헤어짐도 있습니다. 일이기도 하지만 삶이기도 합니다.

진정한 영업자는 고객의 니즈를 깊이 이해하고, 함께 문제를 해결할 뿐만 아니라 서로 이야기하고 공감하게 됩니다. 영업을 통해 고객도 나 자신도 함께 성장하게 됩니다.

〈영업 좀 하는 K-언니〉를 통해 저는 여러분과 제 경험을 나누고자 합니다. 영업의 본질, 그 매력, 그리고 성공을 위해 필요한 마음가짐과 기술들에 대해 이야기하고자 합니다. 이를 통해 여러분이 영업의 길에서 포기하지 않고 끝까지 나아갈 수 있는 힘을 얻기를 바랍니다.

이 책이 나오기까지 언제나 따뜻한 응원을 해 준 다빈이와 데일카네기 최고 경영자과정 96기 동기들께 깊은 감사의 마음을 전합니다.

또한, 바쁜 일정속에서도 귀한 추천사를 보내주신 현대홈쇼핑 곽현영 상무님, BGF리테일 박준용 상무님께 진심 어린 감사와 존경을 표합니다. 최고의 CEO 모임을 이끌어가시는 고훈호 대표님, 그리고 현장영업 전문가의 경험을 학문적인 가치가 있게 논문으로 성장하게 해 주신 유기웅 교수님, 이상호 교수님께 감사의 마음을 전합니다.

고객과의 관계형성에 도움을 많이 주신 최염순 회장님께 감사를 드립니다. 그리고 이 모든 경험과 생각과 철학이 쌓일 수 있도록 해 준 저의 회사의 박철우 상무님께도 마음을 전합니다. 마지막으로 타인을 위해 선한 영향력을 실천하며 살으셨던 김정란 여사에게 이 책을 헌정합니다.

쓰임 받는 삶을 살고자 무던히도 기도한 날들에 대해 조금씩 응답하여 주신 하나님께 감사드립니다.

2025년 봄

김 진 영

CONTENTS

1부

거절부터 _____ 시작입니다

제가 영업을 시작했을 때, 첫 계약 성사의 기쁨은 말로 표현할 수 없을 정도였습니다. 비록 큰 규모의 계약은 아니었지만, 그 순간은 제 영업 인생의 중요한 전환점이 되었습니다. 이경험을 통해 저는 모든 성공, 심지어아주 작은 성공조차도 큰 동기부여가 될 수 있다는 것을 깨달았습니다.

"다른 일을 하다가 처음으로 영업일을 하게 되었습니다. '거절당하면 어떡하지?' 하는 두려움이 자주 올라옵니다. 거절의 두려움을 어떻게 극복할 수 있을까요?" (30대 중반 영업 1년차)

결론부터 말씀드리겠습니다. 가능한 빨리 거절당하세요. 영업의 시작은 거절부터입니다. 물론 거절당하기는 쉽지 않습니다. 하지만 영업에서의 거절은 업무의 기본이나 마찬가지라고 생각하세요.

영업자는 거절의 본질을 이해하는 것이 중요합니다. 영업에서의 거절은 단순히 '아니오'만 의미하지 않기 때문입니다. '거절'은 때에 따라 다양한 의미를 가집니다. 고객의 현재 상황과 니즈, 우선순위가 반영되는 복합적인 신호입니다. 어떤 때는 '지금은 때가 아니다'라는 의미일 수 있고, 어떤 때는 '더 자세한 설명이 필요하다'는 뜻일 수도 있습니다.

예를 들어봅시다. 고객사에 새로운 CRM(고객관계관리) 시스템 도입을 제안했다고 합시다. 만약 '지금은 필요 없습니다'라고 답했다면 어떨까요? 대답 속에 숨은 뜻을 찾아서 이해해야 합니다. '지금은 필요 없다'는 건 현재 고객사가 다른 프로젝트에 집중하고 있거나, 예산 문제가 있거나, 혹은 기존 시스템에 만족한다는 등 다양한 의미로 읽힐 수 있습니다. 대체로 거절 사유들은 시간이 지나면서 변할 수 있는 이슈입니다.

거절은 곧 기회입니다

지난 30년간의 영업 경험을 통해 깨달은 것입니다. 거절은 두려움의 대상이 아니라 기회입니다. 거절을 기회로 받아들이는 자세야말로 영업 성공의 출발점입니다.

한 번은 이런 일이 있었습니다. 어느 날 주차장에서 차를 타려는데 창문에 낯선 명함이 꽂혀있었습니다. 살펴보니 폐차업체의 명함이었고, 순간 저도 모르게 기분이 상했습니다. '내 차가 그렇게 낡아 보이나?' 싶었거든요. 저는 명함을 차 안에 대충 던져버리고 완전히 잊어버렸습니다. 당황스러운 불쾌감만 남긴 '거절'의 대상이었으니까요. 하지만 미래란 예측할 수 없는 법이더군요. 정확히 3개월 뒤 제가 직접 폐차업체 사장님께 전화를 걸게 되었으니까요. 제 차가 도로 한복판에서 갑자기 멈춰 버렸거든요. 당황스러운 마음으로 저는 까맣게 잊고 있던 명함을 찾아 전화를 걸었습니다.

3개월 전만 해도 폐차업체 사장님은 제가 거절한 사람이었습니다.

하지만 상황이 바뀌자 폐차업체의 서비스가 필요해졌습니다. 영업에서 만나는 '아니오'는 영원한 '아니오'가 아닙니다. 오늘의 거절이 내일의 기회가 됩니다.

거절을 두려워하지 마세요. 거절은 끝이 아니라 새로운 시작입니다. 고객 상황, 니즈, 환경은 언제나 변화합니다. 언제든지 다시 여러분의 제품과 서비스가 필요할 때가 생깁니다.

거절도 충분히 활용하세요

거절은 대부분 상황과 맥락에 따른 것입니다. 그것은 여러분의 가치나 제안의 본질적 가치를 부정하는 것이 아닙니다. 예를 들어 한 회사가 여러분의 소프트웨어 제품을 구매하지 않기로 결정했다고 해서 그 제품이 가치 없다는 뜻은 아닙니다. 단지 그 회사의 현재 상황에 맞지 않았을 뿐입니다. 거절을 개인적인 차원의 문제로 받아들이지 말고 객관적인 사실로 바라보세요. '나는 거절당했다'가 아니라 '이 제안이 지금 이 고객에게는 맞지 않았다'로 생각을 전환해보는 겁니다. 거절을 당하고 나서 짧게 3-5분 명상을 하거나, 긍정적인 자기 대화를 하는 습관을 가지면 조금 더 여유롭게 생각을 전환할 수 있습니다.

꼭 기억하세요. 모든 거절에는 이유가 있습니다. 그리고 그 이유를 이해하는 것이 중요합니다. '일정이 있다', '검토해보겠다', '결정권자가 부재중이다' 등 거의 모든 응답은 완전히 끝났다는 최종 거절이 아닙니다. 오히려 추가적인 기회를 제공하는 중요한 신호입니다. 예를 들어 "지금은 예산이 없습니다"라는 거절을 들었다면, '예산'이라는 중요한 단서를 제공받는 것입니다. 영업자의 입장에서 고객의 예산 주기가 언제인지, 어떤 조건에서 예산이 승인되는지 등을 파악하는 기회로 삼을 수 있습니다.

거절보다 거절 이후가 더 중요합니다. 매번 거절을 받을 때마다 거절 이유를 깊이 분석해보세요. 거절이 의미하는 고객의 상황과 니즈, 우선순위를 이해하려 노력하고, 그에 맞는 새로운 접근 방법을 찾아보세요. '5Why' 기법을 추천합니다. 표면적인 이유부터 시작해 다섯 번의 "왜?"라는 질문을 통해 근본적인 원인을 찾아가는 것입니다.

매번 거절 후에 배운 점을 기록하세요. 예를 들어 고객이 "귀사의 제품은 우리 업계에 맞지 않습니다"라고 말한다면, 해당 업계에 대한 이해도를 높이고 제품의 적용 사례를 더 연구해야 한다는 신호일 수 있습니다. 그러면 무엇이 잘못되었는지, 다음에는 어떻게 개선할 수 있을지 구체적으로 작성하세요. 거절을 통해 데이터를 축적하는 것입니다. 정기적으로 거절 정보를 검토하면서 성장점을 확인하세요. 월말에는 이를 바탕으로 자기 평가와 개선 계획을 세우는 시간을 가져보세요.

거절 이후에도 관계를 유지하기

거절이 곧 관계 단절을 의미하지는 않습니다. 거절 후에도 지속적인 관계를 유지하는 것이 관건입니다. 제 폐차업체 경험처럼 고객의 상황은 언제 어떻게 변할지 모릅니다. 지속적인 관계 유지를 통해 기회를 포착할 수 있습니다. 한 회사가 여러분의 제품을 구매하지 않기로 결정했더라도, 그들에게 가치있는 정보나 인사이트를 주기적으로 제공함으로써 관계를 유지할 수 있습니다.

거절을 받은 다음 3개월, 6개월, 1년 후의 팔로우업 계획을 세우세요. 고객 상황은 시시각각 변하기 때문에 정기적인 연락이 매우 중요합니다. 이메일, 전화, 혹은 관련 정보를 공유하는 네트워크 등 다양한 방법을 활용하세요. CRM 시스템을 활용해 각 고객별로 팔로우업 일정을 관리하는 것도 좋습니다.

거절을 받아들이고 더 나아가 거절 획득을 축하하세요. 거절은 여러분이 적극적으로 영업 활동을 하고 있다는 증거이며, 더 나은 영업인으로 성장할 수 있는 기회입니다. 성공한 많은 영업 전문가들은 거절 받을 때마다 작은 축하를 합니다. 거절은 안전지대(comfort zone)를 벗어나 도전하고 있다는 증거이기 때문입니다.

월별 또는 분기별로 달성하고자 하는 거절의 횟수를 정하고, 목표를 달성했을 때 자신에게 줄 의미 있는 보상을 해주세요. 가령 한 달에 10번의 거절을 받으면 좋아하는 레스토랑의 식사 등 보상을 해줄 수 있습니다. 두려워하지 않고 적극적으로 도전하는 동기부여가 될 것입니다.

거절을 새로운 기회로 전환하세요. 때로는 거절이 새로운 기회를 열어줄 수 있습니다. 예를 들어 한 고객이 여러분의 제품을 구매하지 않기로 했지만, 그 과정에서 그들의 니즈를 더 잘 이해하게 되었다면, 그것을 바탕으로 한 새로운 제품이나 서비스를 개발할 수도 있습니다.

거절을 받은 후에는 팀원들과 함께 브레인스토밍 세션을 가져보세요. 이 거절에서 배울 점은 무엇인지, 이를 어떻게 새로운 기회로 전환할 수 있을지에 대해 아이디어를 나누세요. 이 과정에서 혁신적인 아이디어가 탄생할 수 있습니다.

거절 패턴을 분석하세요. 여러 번 거절을 경험하다 보면 일정한 패턴을 발견할 수 있습니다. 거절 패턴을 분석하면 여러분의 영업 전략을 개선할 수 있는 귀중한 인사이트가 나옵니다. 한 달 동안 받은 모든 거절을 기록하고 공통점을 찾아보세요. 어떤 업종에서 거절이 많이 발생하는지, 어떤 시기에 거절이 집중되는지, 혹은 특정 제품이나 서비스에 대한 거절이 많은지 등을 분석해보세요. 이를 통해 여러분의 타겟 시장, 제품 포지셔닝, 혹은 영업 시기 등을 조정할 수 있습니다.

거절을 통해 협상 기술을 향상시키세요. 거절은 때로 협상의 시작점이 될 수 있습니다. 고객이 제시한 거절 이유를 바탕으로 새로운 제안을 할 수 있는 기회로 삼으세요. 거절을 받았을 때, 즉시 포기하지 말고 대안을 제시해보세요. 예를 들어, 가격 때문에 거절했다면 할부 옵션을 제안하거나, 기능 때문에 거절했다면 맞춤형 솔루션을 제안해 볼 수 있습니다. 이를 위해 항상 여러 가지 옵션을 준비해두는 것이 좋습니다.

회복 탄력성을 기르세요. 영업에서 거절은 피할 수 없는 당연한 과정입니다. 따라서 거절 후 빠르게 회복하고 다시 도전할 수 있는 회복 탄력성을 기르는 것이 중요합니다. 매일 아침 긍정적인 확신(긍정적인 주문이라고도 합니다)을 반복해서 말하세요. 예를 들어 "나는 거절을 통해 더 강해지고 더 나은 영업인이 된다" 같은 문장을 만들어 하루를 시작하세요. 긍정확언은 두려움을 극복하고 긍정적인 마인드셋을 유지하는 데 도움이 될 것입니다.

항상 기억하세요. 거절은 '아니오'가 아니라 '아직 아니오'라는 의미라는 것을요. 오늘의 거절이 내일의 계약으로 이어질 수 있습니다. 거절을 극복하는 과정은 '아니오'를 '예스'로 바꾸는 것 이상의 의미가 있습니다. 거절은 나 자신을 더 깊이 이해하고, 고객의 니즈를 더 정확히 파악하며, 우리의 가치를 더 효과적으로 전달하는 능력을 키우는 과정입니다. 거절을 통해 우리는 더 나은 질문을 하고, 더 깊이 경청하며, 더 설득력 있게 제안하는 법을 배웁니다.

영업의 길은 때로는 험난하고 도전적일 수 있습니다. 하지만 거절을 두려워하지 않고 그것을 성장의 기회로 삼는다면, 여러분은 더 나은 영업 전문가로, 더 나은 커뮤니케이터로, 그리고 더 나은 문제 해결사로 성장할 수 있을 것입니다. 거절은 여러분의 영업 여정에서 피할 수 없는 동반자입니다. 그것을 적으로 여기지 말고, 성장의 파트너로 받아들이세요. 거절은 틀림없이 나를 더 높은 성공으로 이끄는 디딤돌이 될 것입니다.

TIPS 거절을 극복하는 10가지 방법

★ 긍정적인 마인드셋 구축   ★ 거절을 피드백으로 활용하기
★ 학습의 기회   ★ 지속적인 관계 유지
★ 받아들이고 축하하기   ★ 새로운 기회로 전환
★ 거절의 패턴을 분석   ★ 협상기술 향상
★ 고객을 깊이 있게 이해할 기회 ★ 회복 탄력성 기르기

02
동기
부여

"동기부여란 무엇일까요? 열심히 하다가도 갑자기 아무런 의욕이 없어질 때가 있습니다. 어떻게 하면 동기부여를 잘 일으키고, 유지할 수 있을까요?" (30대 초반 영업 4년차)

동기부여 부족은 영업 초보자들이 흔히 겪는 어려움입니다. '동기부여가 잘 안 됩니다. 스스로 동기부여를 유지하는 방법이 있을까요?'라는 질문은 많은 초보자들의 공통적인 고민입니다

동기부여란 '목표를 향해 지속적으로 노력하게 만드는 내적 원동력'입니다. 즉 외부가 아니라 스스로 만들고 유지하는 내적인 힘입니다. 영업의 세계에서 동기부여는 거절과 실패를 극복하고, 새로운 기회를 찾아 나서게 하는 원동력이 됩니다.

동기부여는 개인의 경험, 목표, 가치관에 따라 다양한 형태로 나타

날 수 있습니다. 어떤 이는 경제적 보상이, 어떤 이는 고객 만족이 동기부여가 될 수 있습니다. 중요한 것은 자신만의 동기부여 요소를 찾고, 지속적으로 강화하는 것입니다.

동기부여는 긍정적 사고나 열정 이상의 에너지입니다. 동기부여를 일시적인 관점이나 변화무쌍한 감정이라고 오해하지 마세요. 동기부여는 지속적인 자기 관리를 통해 축적하는 내적 에너지입니다.

작은 성공부터 시작하라

영업의 세계에서 큰 성공을 꿈꾸는 것은 당연합니다. 하지만 동기부여를 유지하는 데 있어 작은 성공의 힘을 간과해서는 안 됩니다. 제 경험상 작은 성공이 먼저 모여 큰 성취로 이어집니다.

제가 영업을 시작했을 때, 첫 계약 성사의 기쁨은 말로 표현할 수 없을 정도였습니다. 비록 큰 규모의 계약은 아니었지만, 그 순간은 제 영업 인생의 중요한 전환점이 되었습니다. 이 경험을 통해 저는 모든 성공, 심지어 아주 작은 성공조차도 큰 동기부여가 될 수 있다는 것을 깨달았습니다.

매일 작은 목표를 설정하고 달성하세요. "오늘은 5명의 새로운 잠재 고객에게 연락하기"와 같은 목표를 세우고 이를 달성함으로써 성취감을 느낄 수 있습니다. 이러한 작은 성공들을 기록하고 주기적으로 돌아보세요. 어려운 시기에 이 기록들이 여러분에게 큰 힘이 될 것입니다.

영업에서 긍정적인 마인드셋을 유지하는 것은 단순히 '긍정적으로 생각하자'는 말 이상의 의미를 갖습니다. 이는 곧 회복탄력성을 키우는 것과 같습니다.

저는 매일 아침 "나는 오늘 최선을 다할 것이고, 그 결과에 만족할 것이다"라는 긍정적인 자기 암시로 하루를 시작합니다. 이러한 습관은 특히 어려운 시기에 큰 도움이 되었습니다. 한번은 중요한 계약이 취소되어 크게 실망했던 적이 있습니다. 그때 이 긍정적인 마인드셋이 저를 다시 일어서게 해주었습니다.

긍정적인 확신(확언)을 만들어 매일 반복하세요. "나는 가치 있는 제품(서비스)을 제공하고 있다", "나는 모든 상황에서 배우고 성장한다" 등 나에게 적절한 확언을 만들어서 쓰고, 아침 저녁으로 소리 내어 읽어보세요. 여러분의 잠재의식에 긍정적인 영향을 미칠 것입니다.

영업에서 실패는 피할 수 없는 부분입니다. 중요한 것은 실패를 어떻게 받아들이고 그로부터 무엇을 배우느냐입니다. 제 경력 초기에 겪었던 많은 실패들은 사실 저를 더 강하고 현명한 영업인으로 만들어주었습니다.

한번은 제가 확실하다고 생각했던 대형 계약이 마지막 순간에 무산된 적이 있었습니다. 처음에는 크게 좌절했지만, 이 경험을 통해 계약 체결 과정에서의 세부사항 관리의 중요성을 배웠습니다. 이후 저는 이 교훈을 바탕으로 더 꼼꼼한 영업 프로세스를 개발했고, 이는 제 성공률을 크게 높여주었습니다.

'실패 일지'를 작성해보세요. 각 실패 상황에서 무엇이 잘못되었는지, 어떤 교훈을 얻었는지, 앞으로 어떻게 개선할 수 있을지를 기록하세요. 주기적으로 이 일지를 검토하며 자신의 성장을 확인하고, 동일한 실수를 반복하지 않도록 하세요.

영업의 궁극적인 목표는 고객의 문제를 해결하고 그들에게 가치를 제공하는 것입니다. 고객이 만족할 때 받는 감사의 말은 그 어떤 금전적 보상보다도 큰 동기부여가 될 수 있습니다.

제 경력 중 가장 기억에 남는 순간 중 하나는 한 중소기업 고객이 제가 제안한 솔루션 덕분에 회사가 위기를 극복했다며 감사 인사를 전해왔을 때입니다. 이 경험은 제가 단순히 제품을 판매하는 것이 아니라, 실제로 누군가의 삶과 비즈니스에 긍정적인 변화를 가져올 수 있다는 것을 깨닫게 해주었습니다.

고객의 피드백을 적극적으로 요청하고, 긍정적인 후기나 감사 메시지를 모아두세요. 힘든 날에 이러한 피드백을 다시 읽어보면 큰 힘이 될 것입니다. 또한, 고객의 성공 사례를 정리하여 다른 잠재 고객들과 공유하세요. 이는 새로운 비즈니스 기회를 창출할 뿐만 아니라, 여러분의 일의 가치를 재확인하는 기회가 될 것입니다.

영업 환경은 끊임없이 변화합니다. 새로운 제품, 서비스, 시장 트렌드가 계속해서 등장하며, 이에 적응하지 못하면 뒤처지기 쉽습니다. 지속적인 학습은 이러한 변화에 대응하는 가장 효과적인 방법이며, 동시에 강력한 동기부여의 원천이 됩니다.

저는 매주 금요일 오후를 '영업 학습시간'으로 정해 새로운 영업 기술이나 시장 동향을 공부합니다. 공부 습관은 제가 항상 최신 정보와 기술을 갖추고 있다는 자신감을 주었고, 항상 고객과의 미팅에서 큰 도움이 되었습니다.

개인 학습 계획을 수립하세요. 매주 또는 매달 학습할 주제를 정하고, 이를 실천하세요. 온라인 코스, 웨비나, 업계 컨퍼런스, 관련 서적

등 다양한 학습 리소스를 활용하세요. 학습한 내용을 실제 영업 활동에 적용해보고, 그 결과를 기록하세요. 이 과정에서 얻는 새로운 인사이트와 성과가 지속적인 동기부여로 이어질 것입니다.

영업은 때로 고독한 직업일 수 있지만, 혼자서 모든 것을 해결할 필요는 없습니다. 멘토의 조언과 동료들과의 교류는 큰 힘이 됩니다. 제 경력 초기, 저는 운 좋게도 훌륭한 멘토를 만났습니다. 그분의 조언과 경험 공유는 제가 많은 시행착오를 줄이고 빠르게 성장할 수 있게 해주었습니다. 또한, 동료들과의 정기적인 모임을 통해 서로의 경험을 나누고 힘든 시기를 함께 극복해 나갔습니다.

업계의 선배나 경험 많은 동료 중에서 멘토를 찾아보세요. 정기적으로 만나 조언을 구하고, 여러분의 고민을 나누세요. 또한, 동료들과의 정기적인 모임을 가져보세요. 서로의 성공과 실패 경험을 공유하고, 힘든 시기에 서로를 격려하는 것만으로도 큰 동기부여가 될 수 있습니다.

명확한 목표 설정과 이를 시각화하는 것은 강력한 동기부여 기법입니다. 목표를 구체적으로 정의하고 이를 자주 확인하면, 그 목표를 향해 지속적으로 노력할 수 있는 힘이 생깁니다.

저는 매년 초에 그 해의 목표를 상세히 적고, 이를 제 책상 위에 붙여둡니다. "올해 매출 20% 증가", "신규 영업기회 10개 확보" 등의 구체적인 목표를 세웁니다. 올해의 목표를 매일 눈으로 확인하면서 제 모든 활동이 목표를 향해 가고 있는지 점검합니다.

단기, 중기, 장기 목표를 명확히 설정하세요. 이를 시각화하여 자주 볼 수 있는 곳에 두세요. 목표 달성을 위한 구체적인 계획을 세우고,

주기적으로 진행 상황을 체크하세요. 목표를 달성할 때마다 자신에게 작은 보상을 주는 것도 좋은 방법입니다. 이는 계속해서 앞으로 나아갈 수 있는 동력이 될 것입니다.

일상에서 실천하는 동기부여

동기부여를 유지하는 방법은 다양합니다. 작은 성공의 힘을 인식하고, 긍정적인 마인드셋을 유지하며, 실패를 배움의 기회로 삼는 것부터 시작합니다. 고객 만족을 통해 얻는 보람, 지속적인 학습을 통한 자신감 향상, 멘토와 동료들과의 상호작용, 그리고 명확한 목표 설정과 시각화 등 모든 요소가 중요한 역할을 합니다.

중요한 것은 이러한 방법들이 단순히 이론에 그치지 않고 실제 영업 현장에서 적용되어야 한다는 점입니다. 각 방법에 대해 제시한 실전 팁들을 일상에서 꾸준히 실천해 나가는 것이 핵심입니다. 이를 통해 여러분은 자신만의 동기부여 시스템을 구축할 수 있을 것입니다.

영업의 세계에서 동기부여는 단순한 선택사항이 아닌 필수적인 요소입니다. 동기부여는 영업인의 성공과 지속적인 성장을 위한 핵심 동력입니다. 특히 영업 초보자에게 있어 이는 더욱 중요합니다.

영업의 길을 가다보면 거절과 실패, 좌절의 순간들을 마주하게 될 것입니다. 하지만 동시에 성취와 성공, 고객의 감사와 인정을 경험하는 보람찬 직업이기도 합니다. 이러한 모든 경험들이 여러분을 더 강하고 유능한 영업 전문가로 만들어 갈 것입니다.

동기부여는 결코 한 번에 완성되는 것이 아니라는 것입니다. 이는 지속적인 자기 관리와 노력이 필요한 평생의 과정입니다. 때로는 힘들고 지칠 수 있지만, 그럴 때마다 여러분이 왜 이 일을 시작했는지, 무엇을 이루고자 하는지를 상기하세요.

영업은 단순히 제품이나 서비스를 판매하는 것 이상의 의미를 갖습니다. 이는 고객의 문제를 해결하고, 그들의 삶과 비즈니스에 가치를 더하는 중요한 역할입니다. 이러한 사실을 항상 기억하고 자부심을 가지세요. 여러분의 노력과 열정이 고객과 회사, 그리고 궁극적으로는 여러분 자신의 성공으로 이어질 것입니다.

TIPS 동기부여를 유지하는 7가지 방법

★ 작은 성공의 힘 : 동기부여의 시작점
★ 긍정적 마인드셋 : 성공의 기반
★ 실패를 배움의 기회로 : 성장의 원동력
★ 고객 만족 : 지속적인 동기부여의 원천
★ 지속적인 학습 : 자신감의 근원
★ 멘토와 동료의 힘 : 함께 성장하기
★ 목표 시각화 : 꿈을 현실로

03
나만의 루틴
만들기

"영업일을 하다보니 계속해서 불규칙한 생활을 하게 됩니다. 어쩔 수 없는 것일까요? 아니면 영업인도 규칙적인 생활 습관을 만들 수 있나요?" (32세 영업 3년차)

여러분, '습관'의 힘을 아시나요? 습관은 우리의 일상을 형성하고, 우리의 성과를 좌우하는 강력한 도구입니다. 특히 영업이라는 변화무쌍한 세계에서 안정적이고 지속적인 습관은 우리의 가장 강력한 무기가 됩니다.

영업은 단기적인 성과보다는 장기적인 관계 구축이 핵심입니다. 하루아침에 대박을 터트리는 것이 아니라, 매일매일 작은 노력이 쌓여 큰 성과를 만들어 내는 직업이죠. 우리의 일관된 태도, 꾸준한 노력, 그리고 지속적인 자기 관리가 고스란히 고객에게 전달됩니다.

더불어 영업은 많은 거절과 실패를 경험하는 직업입니다. 습관은 거절과 실패 속에서 우리를 지탱시켜줍니다. 매일 반복되는 긍정적인 루틴은 우리에게 안정감을 주고, 어떤 어려움 속에서도 중심을 잡을 수 있게 해줍니다. 여러분께 매일 꾸준히 실천할 수 있는 동기부여 루틴을 소개합니다.

매일 꾸준하게 나를 채우는 4가지 루틴 만들기

첫째, 제가 실천해 온 '만약에 게임'입니다. 이 게임은 단순하지만 강력한 도구로 우리의 마음가짐을 긍정적으로 바꾸고 자신감을 높이는 데 큰 도움이 됩니다.

불과 몇 년 전의 일입니다. 저는 업계에서 가장 까다롭기로 유명한 고객사와 아주 큰 계약을 앞두고 있었습니다. 고객사는 경쟁사와 거래한 적이 있었고, 우리 회사 제품에 대해 경쟁사와 비교하며 우리가 경쟁사보다 모든 면에서 더 나은 서비스를 제공하길 원했습니다.

미팅 전날 밤까지 저는 긴장감에 잠을 제대로 이루지 못했고, 당일 아침에는 평소보다 일찍 일어나 떨리는 마음을 진정시키며 '만약에 게임'을 시작했습니다. 게임 규칙은 간단합니다. 매일 아침, 특히 출근길에 "만약에…….."로 시작하는 긍정적인 시나리오를 상상하는 것입니다.

"만약에 내가 오늘 최고의 프레젠테이션을 한다면?"
"만약에 오늘 첫 미팅에서 고객이 우리 제품에 큰 관심을 보인다면?"
"만약에 이번 주에 목표했던 계약을 모두 성사시킨다면?"

"만약에 오늘 만나는 새로운 고객이 우리의 장기 파트너가 된다면?"

만약에 게임을 하는 출근길 덕분에 제 마음은 긍정 에너지로 차오르기 시작했습니다. 지하철에서 눈을 감고 성공적인 미팅 장면을 떠올렸고, 심지어 고객이 환하게 웃으며 계약서에 서명하는 모습까지 생생하게 상상했습니다. 그리고 정말 놀랍게도, 실제 미팅도 제가 상상했던 것과 비슷하게 잘 진행되었습니다. 고객들은 제 설명에 큰 관심을 보였고, 예상보다 훨씬 긍정적 분위기에서 영업활동을 진행하게 되었습니다. 물론 실제로 완벽한 준비와 제품의 우수성이 계약 성사의 주된 이유였겠지만, 당일 '만약에 게임'을 통해 얻은 자신감과 긍정 에너지가 마지막 화룡점정이었다고 생각합니다. 만약에 게임을 통해서 거절이나 실패에 대한 두려움이 줄어들었기 때문입니다. 영업 초보자 여러분, 여러분의 아침을 '만약에 게임'으로 시작해보세요.

둘째, 자기 대화의 힘입니다. 그동안 영업하면서 직접 경험한 것입니다만, 영업인은 늘 다양한 선택의 순간에 서게 되고, 그때마다 혼자서 결정해야 합니다. 그러다보니 저는 나 스스로에게 하는 말, 즉 내가 나 자신과 나누는 '자기 대화'가 성공에 결정적인 영향을 미친다는 사실을 터득했습니다. '자기 대화'는 긍정적 사고를 넘어서는 강력한 도구입니다.

저는 매일 아침 출근길 지하철에서 '만약에 게임'을 하면서 때로는 "오늘도 잘 될거야"라고 중얼거리는 습관이 있습니다. 이런 간단한 문장이 하루의 톤을 결정짓는 경우가 많죠. 하지만 진정한 자기 대화의 힘은 이보다 더 깊고 구체적입니다.

중요한 프레젠테이션 전에는 이렇게 자기 대화를 합니다. "나는 이 제품에 대해 누구보다 잘 알고 있어. 고객의 니즈를 정확히 파악했고, 우리 제품이 어떻게 그 니즈를 충족시킬 수 있는지 명확히 설명할 수 있어. 내 발표는 고객에게 진정한 가치를 전달할 거야."

이런 구체적인 자기 대화는 단순히 "잘할 수 있어"라고 말하는 것보다 훨씬 효과적입니다.

한 번은 매우 불편한 고객을 만나기 전, 심한 불안감에 시달린 적이 있습니다. 그때 저는 화장실 거울 앞에서 이렇게 자기 대화를 했습니다.

"나는 이미 수많은 어려운 고객을 만나왔어. 그들의 거절은 내 가치를 낮추지 않아. 오히려 나를 더 강하게 만들 뿐이야. 이 고객의 니즈를 정확히 파악하고, 우리 제품의 가치를 명확히 전달할 거야. 결과에 상관없이, 나는 최선을 다할 것이고, 그것으로 충분해."

자기 대화를 한 다음 저는 놀라울 정도로 차분해졌고, 결과적으로 고객과의 미팅도 매우 성공적이었습니다.

셋째, 영감을 주는 명언들을 쓰는 것입니다. 매일 아침, 출근 후 가장 먼저 하는 일은 회사 다이어리에 그날의 명언을 적는 것입니다. 이 작은 습관이 하루의 방향을 설정하고, 어려운 순간에 힘이 되어주었습니다.

제가 좋아하는 명언 중 한 가지를 알려드립니다. "고객의 신뢰는 하루아침에 얻어지지 않는다. 매순간 정직하고 성실한 자세로 쌓아가는 것이다.”

이 명언은 특히 단기적인 이익에 현혹되기 쉬운 순간에 큰 도움이 되었습니다. 한번은 계약을 앞두고 제품의 단점을 숨기고 싶은 유혹이 들었습니다. 하지만 이 명언을 떠올리며, 저는 정직하게 제품의 장단점을 모두 설명했고, 오히려 이 정직함이 고객의 마음을 얻어 계약 성사로 이어졌습니다.

제가 자주 사용하는 또 다른 명언입니다. “성공한 사람이 노력하는 게 아니라, 노력하는 사람이 성공하는 것이다.” 이 명언은 특히 어려운 시기를 겪을 때 큰 힘이 되었습니다. 6개월 동안 계약 성사가 없었을 때입니다. 이 명언을 되새기며 포기하지 않고 더 열심히 노력했고, 결국 그 다음 달에 새로운 영업기회를 발굴하는 큰 성과를 이뤄냈습니다. 이러한 자기 대화와 영감을 주는 명언의 활용은 단순히 기분을 좋게 만드는 것을 넘어, 실제로 우리의 행동과 결과를 변화시킵니다.

넷째, 우리는 고객에게 긍정적인 에너지, 즉 ‘비타민’과 같은 존재가 되어야겠다는 생각을 하는 겁니다. 이를 위해 저는 항상 밝은 색의 옷을 입고, 환한 미소를 지으며, 긍정적인 태도를 유지하려고 노력합니다.

한 번은 매우 회의적인 태도를 가진 고객을 만난 적이 있습니다. 그 고객은 처음부터 매우 부정적이었고, 심지어 미팅 시작 5분 만에 “시간 낭비하는 것 같군요”라고 말했습니다. 그 순간 저는 깊게 숨을 들이마시고, 제가 준비한 전략을 실행에 옮겼습니다.

먼저 저는 밝은 미소를 유지하면서 고객의 말에 공감했습니다. “네, 고객님의 시간이 얼마나 소중한지 잘 알고 있습니다. 그래서 제가 준비한 것들이 고객님께 정말 가치 있을 거라 확신합니다."라고 말했죠.

그 다음, 고객의 비즈니스에 대해 제가 조사한 내용을 열정적으로 공유했습니다. "고객님의 회사가 최근 새로운 시장에 진출하셨더군요. 정말 대단합니다. 그 과정에서 어떤 어려움을 겪으셨는지 궁금합니다." 이렇게 고객에 대한 진심 어린 관심을 표현했습니다.

미팅이 진행될수록 저는 고객의 말 한마디 한마디에 적극적으로 반응하며 경청했습니다. 고개를 끄덕이고, 눈을 마주치며, "아, 그렇군요. 정말 흥미로운 점이네요."라고 호응했죠. 이를 통해 고객이 자신의 이야기를 편안하게 할 수 있는 분위기를 만들었습니다.

또한, 고객이 언급한 문제점에 대해 즉각적으로 해결책을 제시했습니다. "말씀하신 그 문제는, 우리 제품으로 이렇게 해결할 수 있습니다."라며 구체적인 예시를 들어 설명했죠. 이때 제 목소리에는 확신과 열정이 가득했습니다.

미팅이 끝날 무렵, 고객의 표정이 완전히 바뀌어 있었습니다. 그는 "처음에는 회의적이었는데, 당신의 열정과 준비성에 감동받았습니다."라고 말했습니다. 결국 그 고객은 우리의 가장 충실한 파트너가 되었고, 나중에 "당신의 긍정적인 에너지가 우리 회사에 변화를 가져왔다"고 말해주었습니다.

이 경험을 통해 저는 긍정적인 태도의 중요성을 다시 한 번 깨달았습니다. 그것은 단순히 웃는 얼굴을 하는 것이 아니라, 진심 어린 관심, 적극적인 경청, 열정적인 제안, 그리고 끈기 있는 자세의 총체적인 결과입니다. 이러한 긍정적 에너지는 고객의 마음을 열고, 신뢰를 쌓으며, 궁극적으로는 성공적인 비즈니스 관계를 만들어 냅니다.

영업의 세계는 도전의 연속입니다. 그러나 이러한 일상적인 동기부여 습관과 루틴을 통해, 우리는 매일을 새로운 기회로 맞이할 수 있습니다. 긍정적인 상상, 자기 대화, 영감을 주는 명언, 밝은 에너지 등 이 모든 것들이 여러분을 성공적인 영업인으로 만들어줄 것입니다.

기억하세요. 이런 습관들은 하루아침에 형성되지 않습니다. 꾸준한 노력과 실천이 필요합니다. 하지만 이러한 노력이 쌓이면, 여러분은 어떤 상황에서도 흔들리지 않는 강한 영업인이 될 수 있습니다.

이제 여러분만의 동기부여 루틴을 만들어보세요. 당신은 할 수 있습니다. 오늘도, 내일도, 그리고 앞으로도 계속해서 성장할 것입니다.

Chack List | 매일 꾸준히 동기부여를 받는 루틴 실천 가이드

1. '만약에 게임' 실천하기

☐ 구체적인 성공의 모습, 느낌, 냄새까지 상상했는가?

☐ 긍정적인 시나리오를 상상하며 기쁨, 자부심, 성취감을 느꼈는가?

☐ 매일 꾸준히 '만약에 게임'을 실천하며 일관성을 유지했는가?

☐ 상상을 행동으로 연결하기 위한 구체적인 계획을 세웠는가?

2. 자기 대화 활용하기

☐ 구체적이고 현실적인 자기 대화를 했는가?
   (예: "나는 이 제품에 대해 깊이 이해하고 있고, 고객의 질문에 명확히 답변할 수 있어.")

☐ 부정적인 자기 대화를 인식하고 긍정적으로 전환했는가?
   (예: "이 계약은 도전적이지만, 나는 최선을 다해 준비했고 좋은 결과를 만들어낼 거야.")

☐ 과거의 성공 경험을 상기하며 자신감을 키웠는가?

3. 명언 활용하기

☐ 매일 아침 영감을 주는 명언을 다이어리에 적었는가?

☐ 명언을 책상이나 휴대폰 배경화면 등 자주 볼 수 있는 곳에
   시각화했는가?

☐ 동료들과 명언을 나누고 그 의미에 대해 토론했는가?

☐ 정기적으로 새로운 명언을 찾아 갱신했는가?

☐ 명언에서 얻은 영감을 구체적인 행동 계획으로 발전시켰는가?

4. 긍정적인 에너지 전달하기

☐ 밝은 색의 옷을 입고 환한 미소로 고객을 대했는가?

☐ 고객의 말에 공감하며 적극적으로 경청하고, 즉각적인 해결책을
   제시했는가?

04
영업 성공을
위한 준비

"영업 초보 입장에서 영업 성공을 위해 어떤 준비를 해야 할까요?" (28
세, 영업 1년차)

성공하기 원하십니까? 우리는 누구나 성공하기를 원합니다. 특히
영업의 세계에 첫 발을 내딛는 순간부터 우리는 '성공'이라는 단어를
의식하지 않을 수 없습니다. 설렘과 기대도 있지만 시간이 갈수록 커
지는 부담을 느끼는 것도 사실입니다.

1989년, 저는 KT의 전신인 한국전기통신공사 시험에 합격했습니
다. 어찌나 기뻤던지 합격 발표가 났던 신문을 아직까지 보관하고 있
을 정도입니다. 어릴 때부터 해산물 사업을 하며 대형 트럭에 오징어,
미역, 과메기를 싣고 서울 가락시장을 오고가며 고생하신 어머니 생
각이 났습니다. 누구보다 간절히 성공하고 싶었고, 합격은 그 성공을

향한 시작에 불과했습니다. 그렇지만 시간이 갈수록 합격의 기쁨보다 빨리 성공해야겠다는 조바심이 더 커져갔습니다.

영업의 첫 성공이란?

첫 번째 영업 성공에 대한 기대와 압박은 필연적입니다. 그리고 많은 사람들이 첫 성공의 관문조차 통과하지 못하고 영업을 포기하기도 합니다. 하지만 잠시 멈추고 생각해 보세요. 영업에서 '첫 번째 성공'이란 과연 무엇일까요? 거창한 계약? 큰 매출?

영업 초보자에게 '첫 번째 성공'은 단순한 목표 달성 이상의 의미를 지닙니다. 첫 성공은 여러분의 영업 여정에서 중요한 이정표가 되며, 앞으로의 모든 활동에 영향을 미치는 소중한 경험입니다. 여기서 '성공'이란 대규모 계약 체결이나 엄청난 매출 증대를 뜻하지 않는다는 걸 알아야 합니다. 오히려 작은 성취와 의미 있는 성과들이 초보자에게는 더 중요한 첫걸음이 될 수 있습니다.

실제로 첫 고객이 여러분의 이름을 기억하고, 여러분의 제안에 긍정적인 반응을 보이는 작은 순간들이 있을 것입니다. 이러한 순간들이 바로 영업 초보자에게 귀중한 '첫 번째 성공'으로 다가올 수 있습니다. 이 작은 성공들이 쌓이고 나면 비로소 더 큰 성공을 향해 나아갈 힘이 생깁니다. 처음으로 고객사 팀장에게 명함을 건넸을 때 그 팀장이 곧바로 나를 기억하지 못할 수도 있습니다. 수많은 사람을 만나는 팀장 입장에서는 당연한 일일 수 있죠. 하지만 중요한 것은 포기하지 않고 지속적인 관심과 배려를 보이는 것입니다. 저는 이것을 '작은 연결고리'라고 부릅니다.

눈이 많이 내리던 어느 날, 고객에게 "눈길 조심하세요"라는 짧은 메시지를 보냈다고 상상해보세요. 별 것 아닌 배려일지 모르지만, 고객은 이 작은 배려를 기억할 수 있습니다. 다음 미팅에서 "아, 그때 그 문자 주신 분이시죠?"라는 반가운 인사를 받을 수도 있습니다. 이런 작은 성취들이 쌓여 고객과의 관계를 형성하고, 나아가 더 큰 성공으로 이어질 수 있습니다.

그렇다면 첫 번째 영업 성공을 이루기 위해 구체적으로 무엇을 준비해야 할까요?

첫 번째 영업 성공을 위한 6가지 핵심 준비

첫째, 성공의 정의를 재정립하는 것입니다. 영업을 시작할 때 가장 먼저 맞닥뜨리는 과제는 '성공'을 정의 내리는 일입니다. 처음 영업을 시작했을 때 제게 '성공'이란 '큰 계약을 성사시키는 것'이었습니다. 하지만 시간이 지날수록 '큰 계약'에 조급해하며 오히려 큰 부담이 되었습니다. 그리고 작은 성과를 거둬도 '큰 계약'이 아니기 때문에 성공했다고 생각하기보다 실패했다는 느낌에 더 가까웠습니다.

그러나 시간이 지나면서 자연스럽게 성공의 의미를 새롭게 정의하게 되었습니다. 성공이란 꼭 큰 계약을 성사시키는 것이 아니라, 그날의 작은 성취에서부터 시작된다는 깨달음을 얻었기 때문입니다. 예를 들어 처음 만난 고객이 다음 미팅에서 내 이름을 기억해 준다면 이 또한 작은 성공입니다. 작은 성공이 쌓일 때 비로소 더 큰 성과로 이어집니다.

둘째, 고객 중심적 사고를 기르는 것입니다. 처음 영업을 시작했을 때, 저는 제품의 기술적 우수성만을 강조하곤 했습니다. 고객에게 내 상품이 얼마나 뛰어난지를 설명하는 데에만 집중했던 거죠. 하지만 어느 날, 한 고객이 제게 물었습니다. "이 제품이 우리 회사의 문제를 어떻게 해결해줄 수 있나요?" 그 질문에 저는 잠시 멈췄습니다. 기술적인 설명은 충분했지만, 고객의 문제에 대해 깊이 생각해본 적이 없었기 때문입니다.

그때부터 저는 고객의 입장에서 생각하는 법을 배웠습니다. 영업은 단순히 제품을 파는 것이 아니라, 고객의 문제를 해결하는 과정이라는 것을 깨달았죠. 이후 저는 고객의 니즈를 먼저 파악하고, 그에 맞춰 솔루션을 제시하는 방식으로 접근법을 바꾸었습니다. 그 결과, 더 많은 고객과의 신뢰를 쌓을 수 있었습니다.

셋째, 지속적인 학습과 자기 개발에 투자하는 것입니다. 영업은 끊임없이 변화하는 환경 속에서 이루어집니다. 새로운 제품이 등장하고, 시장의 트렌드가 바뀌며, 고객의 요구도 끊임없이 변하죠. 제가 영업을 처음 시작했을 때, 한 선배가 저에게 이렇게 말했습니다.

"영업은 끊임없는 학습이다. 멈추면 뒤처진다."

그때는 이 말의 깊이를 몰랐지만, 시간이 지나면서 그 조언이 얼마나 중요한지 깨닫게 되었습니다. 앞서 말한 금요일의 학습시간 말고도 저는 매일 아침 30분 정도 시간을 내 업무 관련 책이나 아티클을 읽었습니다. 새로운 정보를 얻고, 고객에게 어떻게 더 나은 가치를 제공할 수 있을지 고민하는 습관이었죠. 또한, 선배 영업사원들과의 대화에서 많은 것을 배웠습니다. 그들의 미팅에 동행하며, 고객과의 대화를 어떻게 풀어나가는지, 어떻게 신뢰를 쌓는지를 배웠습니다. 이런 작은 노력들이 쌓여 제 영업 역량을 한 단계 끌어올렸습니다.

넷째, 탁월한 커뮤니케이션 능력을 개발하는 것입니다. 영업은 결국 사람과 사람 사이의 소통입니다. 고객이 원하는 것을 제대로 이해하고, 나의 제안을 명확하게 전달하는 능력이 필요합니다. 처음 몇 번의 미팅에서는 저는 너무 많은 말을 했습니다. 제 제품의 장점을 설명하는 데 집중한 나머지, 고객의 이야기를 제대로 듣지 않았던 것이죠.

하지만 한 고객과의 미팅에서 저는 큰 깨달음을 얻었습니다. 고객은 말을 많이 하지 않았지만, 그의 표정과 몸짓에서 '가격'에 대한 부담을 읽을 수 있었죠. 그때 저는 고객의 걱정을 덜어주기 위해 비용 절감 방안을 제시했고, 그 미팅은 성공적으로 마무리되었습니다. 그 경험을 통해 커뮤니케이션에서 중요한 것은 말하는 것보다 듣는 것이라는 사실을 배웠습니다.

다섯째, 끈기와 회복력을 기르는 것입니다. 영업에서는 거절과 실패가 일상입니다. 처음 몇 번의 거절을 경험했을 때, 저는 영업에 소질이 없다고 생각했습니다. 하지만 그럴 때마다 제 자신에게 이렇게 말하곤 했습니다. "거절은 단지 지금 이 순간, 이 고객의 상황일 뿐이다." 그리고 그 거절에서 무엇을 배울 수 있을지 고민했습니다.

6개월 동안 단 한 건의 계약도 성사시키지 못한 적이 있었습니다. 매일같이 거절당하며 자존감이 바닥을 쳤죠. 그러나 저는 포기하지 않고, 접근 방식을 계속 수정하고 개선했습니다. 그리고 7개월째, 저는 전국 단위의 첫 대규모 계약을 성사시켰습니다. 6개월의 실패가 없었다면, 이 성공도 없었을 것입니다.

여섯째, 체계적인 영업 프로세스를 구축하는 것입니다. 영업은 즉흥적인 활동이 아닙니다. 체계적이고 반복 가능한 프로세스를 구축하는 것이 중요합니다. 저는 매주 월요일 아침을 '계획 수립의 시간'으로 정했습니다. 이 시간에 한 주간의 미팅을 계획하고, 고객별로 필요한 준비 사항을 체크리스트로 만들었습니다.

처음에는 번거롭게 느껴졌지만 점차 이 습관이 성공의 기반이 되었습니다. 미팅 전 항상 준비된 상태로 고객을 만나면서 제 자신감과 성과도 크게 높아졌습니다. 또한 CRM 시스템을 적극 활용해 고객 관리 효율성을 극대화했습니다. 모두가 성공을 향한 작은 연결고리입니다.

그래서 영업의 세계에서 첫 번째 성공이란 거창한 계약이나 큰 매출보다 하나씩 쌓아나가는 작은 성공이 더 중요합니다. 고객이 여러분을 기억하고, 긍정적인 반응을 보이는 짧은 순간들이 더 큰 성공의 디딤돌이 될 것입니다.

Chack List 첫 번째 영업 성공을 위한 실천 가이드

1. 성공의 정의를 재정립하라

☐ 매일 달성 가능한 작은 목표를 설정했는가?
　　(예시 "오늘은 3명의 잠재 고객에게 연락하기")

☐ 고객과의 긍정적인 상호작용을 기록하고 있는가?
　　(예: 감사 인사, 긍정적인 피드백 등)

☐ 주간 또는 월간 단위로 자신의 성장을 돌아보고 있는가?
　　(한 달 전의 나와 비교해보기)

2. 고객 중심적 사고를 기르라

☐ 고객의 업종과 비즈니스 모델을 철저히 연구했는가?

☐ 고객이 직면한 문제와 도전 과제를 충분히 이해하려 노력했는가?

☐ 제품 설명보다는 고객의 이야기를 더 많이 경청했는가?
　　(80% 경청, 20% 설명)

3. 지속적인 학습과 자기 개발에 투자하라

☐ 매일 30분씩 관련 서적이나 아티클을 읽었는가?

☐ 선배 영업사원들의 노하우를 배우고 실전에 적용하고 있는가?

☐ 경쟁사와 시장 동향을 꾸준히 주시하고 있는가?

☐ 고객 피드백을 바탕으로 자신의 영업 방식을 개선했는가?

4. 탁월한 커뮤니케이션 능력을 개발하라

☐ 적극적 경청 기술을 연마하고 있는가?
　　(고객의 말을 중간에 끊지 않고 이해하려 노력했는가?)

☐ 비언어적 커뮤니케이션(표정, 몸짓 등)을 잘 활용하고 있는가?

☐ 복잡한 정보를 쉽게 설명하는 연습을 꾸준히 하고 있는가?

☐ 고객의 니즈를 더 깊이 이해하기 위한 질문을 하고 있는가?

5. 끈기와 회복력을 기르라

- ☐ 거절을 개인적으로 받아들이지 않고, 객관적으로 바라보는가?
- ☐ 실패에서 배운 점을 기록하고, 이를 개선하려고 노력했는가?
- ☐ 작은 성공들을 축하하며, 동기부여를 유지하고 있는가?
- ☐ 멘토의 조언을 구하고 있는가?
  (선배들의 경험을 통해 배울 점을 찾고 있는가?)

6. 체계적인 영업 프로세스를 구축하라

- ☐ 고객 발굴부터 사후 관리까지의 영업 과정을 단계별로 정리했는가?
- ☐ 각 단계에서 해야 할 일들의 체크리스트를 만들었는가?
- ☐ CRM 시스템을 효과적으로 활용하고 있는가?
- ☐ 정기적으로 프로세스를 검토하고 개선하고 있는가?

05
성공하는
영업인의 자질

"영업인으로 성공하기 위해 갖춰야 할 자질이 있다면 무엇일까요?"

(29세, 영업 2년차)

성공적인 영업인이란 무엇일까요? 많은 제품을 판매하는 사람일까요? 아니면 고객의 마음을 사로잡는 사람일까요? 30년간의 영업 경험을 통해 깨달은 바로는 성공적인 영업인은 고객과의 관계에서 실마리를 찾을 수 있습니다. 왜냐하면 성공적인 영업인은 고객의 니즈를 정확히 파악하고, 최적의 솔루션을 제공하며, '장기적인 신뢰 관계'를 구축할 수 있는 사람입니다. 제품을 많이 판매하는 것을 넘어서 고객의 비즈니스와 삶까지 실질적인 가치를 더하는 파트너가 되는 것을 의미합니다.

그렇다면 우리는 어떻게 성공적인 영업인이 될 수 있을까요? 어떤 자질과 기술이 필요할까요? 타고난 성격에 상관없이 꼭 필요한 자질이 있습니다. 바로 '적극성'입니다.

고객은 언제나 적극적인 영업인을 좋아합니다. 적극성을 가진 영업인에게는 3가지 장점이 있기 때문입니다. 첫째, 적극적인 영업인은 고객의 니즈를 정확히 파악하려 노력합니다. 이는 고객이 진정으로 원하는 것을 제공할 수 있게 해줍니다. 둘째, 적극적인 영업인은 문제 해결에 빠릅니다. 고객이 문제를 제기했을 때 신속하게 대응하고 해결책을 제시하는 것은 고객의 만족도를 크게 높입니다. 셋째, 적극적인 영업인은 항상 새로운 가치를 제공하려 노력합니다. 단순히 제품을 판매하는 것을 넘어, 고객의 비즈니스에 실질적인 도움이 되는 인사이트와 솔루션을 제공합니다.

적극성으로 무장하라

영업의 세계에서 적극성은 그저 있으면 좋은 장점이 아니라 영업인이라면 반드시 갖춰야 할 필수 자질입니다. 왜 그럴까요? 영업은 본질적으로 '인간과 인간 사이의 상호작용'입니다. 적극성은 상호작용 속에서 신뢰와 가치를 창출하는 핵심 동력입니다.

적극적인 영업인을 만난 고객은 자신의 니즈와 문제에 대해 진심으로 관심을 가지고 있는 사람을 만났다고 느낍니다. 관심은 곧 신뢰로 이어지고, 신뢰는 곧 비즈니스 관계의 기반이 됩니다. 반면 소극적인 태도는 고객에게 불신과 불안을 줄 수 있습니다.

새로운 솔루션을 제안할 때 적극적인 영업인은 고객의 비즈니스 상황을 철저히 분석하고, 맞춤형 제안을 준비합니다. 당연히 고객은 자신의 문제를 진지하게 고민하는 파트너를 만났다고 느끼게 되죠. 반면 소극적인 영업인은 표준화된 제안서만 던져주고 끝내버릴 수 있습니다.

적극적인 태도는 놀라운 결과를 가져옵니다. 먼저 기회를 포착하고 활용하는 능력이 향상됩니다. 적극적인 영업인은 항상 새로운 기회를 찾아 나서고, 그 기회를 최대한 활용합니다.

업계 컨퍼런스에 참석했을 때 적극적인 영업인은 가능한 많은 사람들과 네트워킹을 하려 노력합니다. 이 과정에서 새로운 잠재 고객을 발굴하고, 업계 트렌드를 파악하며, 때로는 예상치 못한 비즈니스 기회를 얻기도 합니다.

또한, 적극적인 태도는 문제 해결 능력을 향상시킵니다. 고객이 예상치 못한 문제를 제기했을 때, 적극적인 영업인은 즉시 해결책을 찾기 위해 노력합니다. 이런 태도는 고객의 신뢰를 얻는 데 큰 도움이 됩니다.

반대로 소극적인 태도는 많은 문제를 야기합니다. 가장 큰 문제는 기회의 상실입니다. 소극적인 영업인은 새로운 고객을 발굴하거나 기존 고객과의 관계를 강화할 기회를 놓치기 쉽습니다. 고객이 제품에 대한 불만을 제기했을 때 소극적인 영업인은 이를 단순한 불평으로 치부하고 넘어갈 수 있습니다. 하지만 이는 제품을 개선하고 고객과의 관계를 더욱 강화할 수 있는 중요한 기회를 놓치는 것입니다.

소극적인 태도는 고객의 신뢰를 잃게 만듭니다. 고객의 요청에 신속하게 대응하지 않거나, 문제 해결에 소극적인 태도를 보이면 고객은 다른 공급업체를 찾아나설 것입니다.

다행히도 적극성은 연습을 통해 키울 수 있는 능력입니다. 이것은 성격의 문제가 아닙니다. 우리는 태도의 문제에서 적극성을 바라보아야 합니다. 내향적인 사람도 자신의 성격에 맞게 적극적인 방법을 찾을 수 있습니다.

첫째, 자신감을 키우는 것이 중요합니다. 자기계발서를 읽거나 동기부여 세미나에 참석하는 것도 좋은 방법입니다. 둘째, 실전 연습이 필요합니다. 매일 한 명의 새로운 사람과 대화를 나누거나, 일주일에 한 번씩 새로운 고객에게 콜드 콜을 하는 등의 목표를 세우고 실천해 보세요. 셋째, 피드백을 적극적으로 받고 개선하는 자세가 필요합니다. 고객이나 동료, 상사로부터 받은 피드백을 긍정적으로 받아들이고 개선점을 찾아 실천하세요.

적극성과 공격성의 차이 및 대응 방법

후배들과 상담하다 보면 얼핏 '적극성'과 '공격성'을 구분하지 않는 모습이 보곤 합니다. 성공적인 영업을 위해서는 이 둘의 차이를 명확히 이해하고 적절히 대응하는 것이 매우 중요합니다. 저도 한때는 두 개념을 혼동했었습니다. 경력 초기에 열정과 의욕만 앞세워 고객을 압박했던 때를 생각하면 아직도 얼굴이 화끈거립니다. (하지만 그런 실수들이 오히려 저를 성장시켰고, 지금의 제가 될 수 있었습니다.)

이제 구체적인 상황들을 통해 적극성이 어떻게 공격성이나 무례함으로 변질될 수 있는지, 그리고 그것을 어떻게 막을 수 있는지 함께 살펴보겠습니다.

먼저 고객의 거절에 대한 반응입니다. 제안을 거절당했을 때 "이런 좋은 기회를 놓치시면 후회하실 겁니다"라고 말하는 것은 고객을 압박하는 전형적인 예입니다. 그보다는 "알겠습니다. 혹시 현재 제안이 적합하지 않은 이유를 알려주실 수 있을까요? 향후 더 나은 제안을 드리는 데 도움이 될 것 같습니다."라고 말해보세요. 이렇게 하면 고객의 입장을 이해하려는 노력을 보여줄 수 있습니다.

다음으로, 연락 빈도에 대해 생각해봅시다. 열정 넘치는 신입 시절, 저도 고객이 응답하지 않았음에도 매일 전화나 이메일을 보냈던 적이 있었죠. 하지만 이는 오히려 역효과를 낳았습니다. 적절한 간격을 두고 연락하되, 매번 가치 있는 정보나 제안을 포함시키는 것이 중요합니다. 이렇게 하면 고객은 여러분의 연락을 귀찮아하기보다는 기다리게 될 것입니다.

경쟁사에 대해 언급할 때도 주의가 필요합니다. "우리 제품이 A사 제품보다 훨씬 뛰어납니다. A사 제품은 형편없어요." 등의 말은 절대 금물입니다. "저희 제품의 강점은 X, Y, Z입니다. 이런 특징들이 고객님의 니즈와 어떻게 부합하는지 설명드리겠습니다."가 좋습니다. 고객의 요구사항에 대응할 때도 신중해야 합니다. 고객의 말을 무시하고 자사 제품의 장점만 계속 강조하는 것은 좋지 않습니다. 대신 고객의 요구사항을 주의 깊게 듣고, 그에 맞는 맞춤형 솔루션을 제안해보세요. 이렇게 하면 고객은 여러분이 진정으로 그들의 니즈를 이해하고 있다고 느낄 것입니다.

가격 협상 시에도 주의가 필요합니다. "이 가격이 아니라면 거래는 어려울 것 같습니다." 같은 말은 금물입니다. 대신 "저희 제품의 가치를 고려했을 때 이 가격이 합리적이라고 생각합니다. 하지만 고객님의 예산 상황도 이해합니다. 어떤 부분에서 조정이 필요하신가요?"라고 말해보세요. 이렇게 하면 가격에 대한 자신감을 보이면서도 고객의 상황을 배려하는 모습을 보일 수 있습니다.

급하게 계약 체결을 압박하는 것도 피해야 합니다. "오늘 안에 계약하지 않으시면 이 조건을 유지하기 어렵습니다. 빠르게 결정해 주시기 바랍니다." 같은 말은 고객을 불편하게 만들 뿐입니다. 대신 "이 제안의 장점을 충분히 설명드렸습니다. 결정을 위해 시간이 더 필요하시다면 언제까지 답변 주실 수 있을까요?" 하고 말해보세요. 고객에게 선택권을 주면서도 일정한 시간 안에 결정을 유도할 수 있습니다.

적극성과 공격성의 차이를 이해하고 적절히 대응하는 것은 매너의 문제가 아닌 고객과의 신뢰 관계의 핵심입니다. 여러분도 이러한 원칙들을 실천하면서 자신만의 영업 스타일을 만들어 가시기 바랍니다. 그 과정에서 때로는 실수도 하고 좌절할 수도 있겠지만, 그것이 바로 여러분을 성장시키는 밑거름이 될 것입니다.

적극적인 영업인은 더 많은 기회를 창출하고, 고객과의 관계를 강화하며, 지속적으로 성장합니다. 적극적인 영업인은 항상 새로운 시장트렌드와 고객의 니즈 변화를 파악하려 노력합니다. 이를 통해 시장의 변화에 빠르게 대응하고, 때로는 변화를 주도할 수 있습니다.

적극적인 태도는 어려운 상황에서도 포기하지 않는 끈기를 길러줍니다. 영업의 세계에서는 거절과 실패가 일상적입니다. 하지만 적극적인 영업인은 이를 배움의 기회로 삼고 계속해서 도전합니다.

적극적으로 고객의 니즈를 진정으로 이해하고 그에 맞는 해결책을 제시할 때의 그 희열은 그 어떤 것과도 비교할 수 없습니다. 여러분도 이 길을 걸으면서 적극성이 가져다주는 기쁨을 느끼시길 바랍니다.

"처음 영업을 시작하면서 공부해야 할 것이 많은데, 무엇부터 공부를 시작해야 할지 잘 모르겠습니다." (30세, B2B 영업 2년차)

영업의 세계에 첫 발을 내딛는 초보자들은 누구나 '무엇부터 배워야 할지'를 고민합니다. 30년 영업 경력을 가진 베테랑으로서 제 답은 명확합니다. 바로 '제품 지식'입니다.

제가 처음 영업팀에 발을 들였을 때를 아직도 생생히 기억합니다. 그때의 저는 마치 거대한 미로 앞에 선 것 같은 기분이었죠. 고객을 응대하는 커뮤니케이션 스킬, 상품 지식, 시장 트렌드, 경쟁사 분석 등 배워야 할 것들이 끝없이 펼쳐져 있었습니다. 모든 것을 동시에 습득해야 한다는 생각에 두려움과 혼란이 교차했습니다. 마치 거대한 퍼즐을 앞에 두고, 어느 조각부터 맞춰야 할지 몰라 당황하는 것 같았죠.

하지만 시간이 지나고 경험이 쌓이면서, 한 가지 중요한 사실을 깨달 았습니다.

모든 영업 스킬의 근간은 바로 '제품에 대한 깊이 있는 이해'라는 사 실입니다. 제품 지식은 스펙이나 기능을 외우는 것이 아닙니다. 제품 지식은 고객의 문제를 해결할 수 있는 열쇠이자, 신뢰를 쌓는 기반이 며, 치열한 경쟁 시장에서 우위를 점할 수 있는 강력한 무기입니다.

제품 지식이 주는 4가지 변화

첫째, 제품 지식은 신뢰 구축의 토대입니다. 고객과의 신뢰 관계를 형성하는 데 핵심적인 역할을 합니다. 고객들은 영업사원이 제품에 대해 얼마나 잘 알고 있는지를 놀라울 정도로 빠르게 간파합니다. 제 품의 특징, 장단점 등을 숙지하고 있으면, 고객 질문에 즉각적이고 정 확하게 대응할 수 있습니다.

영업 경력 3년차 때 일입니다. 대형 제조업체 구매 담당자와 첫 미 팅을 앞두고 있었습니다. 고객사는 업계에서 매우 영향력이 있었고 만약 계약을 성사시킨다면 제 경력에서 큰 도약이 될 수 있었습니다. 그런데 실제 미팅에 들어갔을 때 고객사에서 자료 일부에 대한 오류 를 발견하고 날카로운 질문을 던졌습니다.

저는 천천히 숨을 한 번 들이쉬고, 차분히 답변하기 시작했습니다. 제품의 기술적 특성부터 시작해 실제 적용 사례, 그리고 고객사의 특 정 상황에 어떻게 도움이 될 수 있는 지까지 상세히 설명했습니다. 제 설명이 끝났을 때, 고객의 표정이 밝아지는 것을 느낄 수 있었습니다. 그들은 제가 준비한 자료의 오류보다는 제품에 대한 깊이 있는 이해와 그것을 고객의 상황에 맞춰 설명하는 능력에 더 큰 인상을 받은 것 같았습니다. 미팅은 성공적으로 끝났고, 제 첫 대형 계약 체결로 이어졌습니다.

둘째, 제품 지식은 문제 해결 능력을 향상시켜 줍니다. 고객들은 대부분 특정한 문제나 필요성 때문에 제품을 찾습니다. 제품에 대한 깊은 이해는 고객의 상황을 정확히 파악하고, 그에 맞는 최적의 솔루션을 제시하는 데 필수적입니다.

제 경력 중반에 겪은 한 사건이 특히 기억에 남습니다. 어느 날 오후, 우리의 주요 고객사 중 한 곳에서 긴급한 전화가 걸려 왔습니다. 그들의 생산라인이 멈췄고, 시간당 수천만 원의 손실이 발생하고 있다는 것이었습니다.

서둘러 현장에 도착했을 때, 공장은 말 그대로 아수라장이었습니다. 직원들은 당황한 표정으로 이리저리 뛰어다니고 있었고, 공장장의 얼굴은 분노로 일그러져 있었습니다.

"당신네 제품 때문에 이런 일이 벌어진 거요! 어서 해결하지 못하면 계약을 파기하겠소!"

공장장의 목소리는 떨리고 있었습니다. 순간 저는 역시 호흡부터 가다듬고 차분하게 상황을 파악하기 시작했습니다. 우리 제품의 모든 작동 원리를 머릿속으로 빠르게 검토했습니다. 그리고 30분간의 철저한 조사 끝에 문제의 원인을 찾아냈습니다. 우리 제품 자체 문제가 아니라, 고객사의 다른 장비와의 오작동이 우리 제품에 영향을 미쳐 발생한 것이었습니다.

저는 이 사실을 공장장에게 설명하고, 우리 제품과 연계된 다른 설비들의 작동 원리를 상세히 설명했습니다. 그리고 이 문제를 해결하기 위한 단계별 계획을 제시했습니다.

처음에는 의심의 눈초리를 보내던 공장장도, 제 설명이 진행될수록 점점 안도의 표정을 짓기 시작했습니다. 2시간 후 우리는 성공적으로 생산라인을 재가동할 수 있었습니다.

이 날 이후, 고객사와의 관계는 더욱 돈독해졌습니다. 우리를 제품 공급업체가 아닌 믿을 수 있는 비즈니스 파트너로 인식하기 시작했습니다.

셋째, 제품에 대한 지식은 차별화 전략을 수립하는 데 도움을 줍니다. 시장에는 비슷한 제품들이 많습니다. 제품 지식은 귀사의 제품이 경쟁사와 어떻게 다른지, 어떤 점에서 우수한지를 명확히 설명할 수 있게 해줍니다. 이는 고객의 선택을 유도하는 데 결정적인 역할을 합니다.

영업활동을 하면서 일어난 일입니다. 우리 회사의 주력 제품과 유사한 기능을 가진 경쟁사의 신제품이 출시되면서 시장에 큰 파장이 일었습니다. 많은 고객들이 경쟁사 제품에 관심을 기울이기 시작했고, 우리 회사는 고객 이탈의 위기를 맞이했습니다.

이런 상황에서 저는 주요 고객사인 한 대기업과의 중요한 미팅을 앞두고 있었습니다. 더욱이 우리와 경쟁사가 같은 날 시간 차이를 두고 프레젠테이션을 하게 되어 있었죠. 사실상 1대1 대결이나 다름없는 상황이었습니다.

미팅 당일, 경쟁사의 영업 담당자가 먼저 프레젠테이션을 시작했습니다. 고객의 말에 의하면 그들은 화려한 슬라이드와 함께 제품의 새로운 기능들을 열거했습니다. 고객의 이해관계자들의 눈빛이 점점 호기심으로 빛나기 시작했다고 합니다. 이 말을 듣고, 저는 초조함을 감출 수 없었습니다.

드디어 제 차례가 되었을 때, 저는 예상과는 다른 접근을 시도했습니다. 제품의 스펙을 나열하는 대신, 고객사의 특정 문제 상황을 제시하고 우리 제품이 어떻게 그 문제를 해결할 수 있는지를 구체적으로 설명했습니다.

"귀사의 통신 인프라에서 가장 큰 문제점은 네트워크 안정성 및 효율성 부족입니다. 저희 통신사의 서비스는 네트워크의 안정성과 효율성을 극대화할 수 있도록 설계되었습니다. 이를 통해 연간 약 얼마의 운영비용 절감 효과를 기대할 수 있습니다."

이어서 우리 제품만의 독특한 기능을 하나씩 소개하며 각 기능이 어떻게 고객의 생산성을 향상 시킬 수 있는지 구체적인 수치와 함께 설명했습니다.

프레젠테이션이 끝났을 때 회의실 분위기는 완전히 바뀌어 있었습니다. 고객들은 열띤 토론을 시작했고 많은 질문들이 쏟아졌습니다. 2주 후 우리는 고객사와 전국을 연결하는 네트워크 구성의 협상자로 선택되어 사업을 진행하게 되었습니다. 이 경험을 통해 저는 제품 지식이 단순히 정보를 아는 것을 넘어, 그것을 고객의 상황에 맞게 재구성하고 차별화된 가치를 제시하는 데 얼마나 중요한지를 깨달았습니다.

넷째, 제품에 대한 깊이 있는 지식은 영업 활동에 자신감을 불어넣습니다. 이러한 자신감은 고객에게 전달되어 신뢰감을 주고, 궁극적으로 판매 성과로 이어집니다. 제 에피소드를 하나 공유하고 싶습니다.

처음으로 ESG 관련 대형 컨퍼런스에 우리 회사 부스 담당자로 참가하게 된 때였습니다. 그때까지 저는 주로 사무실에서 정해진 고객 영업을 주로 담당했기 때문에 직접 현장에서 불특정 다수의 고객을 대면한다고 생각하니 무척 긴장되었습니다.

전시회 첫 날, 떨리는 마음으로 부스에 섰습니다. 처음 몇 시간 동안은 방문객들에게 어색하게 미소 짓고 팸플릿을 건네는 것이 전부였습니다. 목소리는 떨렸고, 설명은 매끄럽지 못했습니다. 하지만 부스 밖으로 나가 적극적으로 고객에게 다가가기보다는 부스 안에서 떨리는 목소리로 허공에 대고 더듬더듬 설명을 이어나가는 것밖에 할 수가 없었습니다.

점심시간이 지나고, 조금 의기소침해 있던 저에게 한 중년의 남성이 관심을 보이며 다가왔습니다. 그 분은 우리 제품에 대해 매우 구체적인 질문들을 쏟아냈고, 저는 순간 당황했습니다. 하지만 바로 그때부터 그동안 꾸준히 쌓아온 제품 지식이 빛을 발하기 시작했습니다.

질문에 답하기 시작하면서, 저는 제 목소리가 점점 또렷해지고 자신감이 생기는 것을 느꼈습니다. 제품의 기술적 특성부터 실제 적용 사례, 경쟁사 제품과의 차이점까지, 제가 알고 있는 모든 정보를 체계적으로 설명했습니다.

설명을 마치고 나서야 알게 되었지만, 그 분은 업계에서 유명한 전문가였습니다. 제 설명에 깊은 인상을 받았다며, 명함도 건네주었습니다.

"자네의 설명이 이 전시회에서 들은 것 중 가장 명확하고 유익했네. 다음 주에 우리 회사로 방문해주게. 좀 더 자세한 이야기를 나누고 싶군."

그 날 만남을 계기로, 저는 그 분의 회사와 신규 계약을 체결할 수 있었습니다. 더 나아가 그 전문가의 입소문을 통해 다른 고객들도 소개받을 수 있었죠. 30년 동안 영업을 해오면서, 제품 지식이 제 성공의 중심에 있었다고 확신합니다. 제품 지식은 영업인이 고객과 신뢰를 쌓고, 문제를 해결하며 경쟁에서 앞서 나가게 해주는 강력한 도구입니다.

영업을 처음 시작하는 여러분, 제품 지식 습득을 두려워하지 마세요. 처음엔 어렵고 지루할 수 있지만, 장기적으로 가장 큰 보상을 안겨줄 중요한 투자입니다. 제품에 대한 깊은 이해는 여러분의 자신감을 키워주고, 고객에게 진정한 가치를 제공할 수 있게 만들어줍니다.

영업은 단순히 물건을 파는 것이 아닙니다. 고객의 문제를 해결하고 그들의 비즈니스를 돕는 일이죠. 이를 위해선 제품 지식이 반드시 필요합니다. 여러분이 그 지식을 쌓아가면서, 고객에게 신뢰받는 파트너로 성장하게 될 겁니다.

영업의 여정은 쉽지 않지만, 제품 지식이라는 든든한 기반이 있으면 어떤 어려움도 극복할 수 있습니다. 지금 바로 시작하세요. 여러분의 제품을 배우고, 그 지식을 통해 고객에게 진정한 가치를 전하세요.

제품지식이 주는 변화 4가지

★ 신뢰 구축의 토대
★ 문제 해결 능력 향상
★ 차별화 전략 수립
★ 자신감 있는 영업 활동

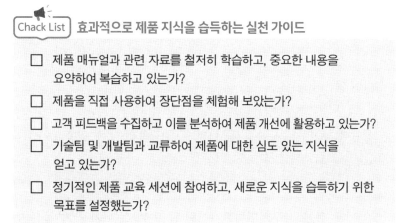

Chack List **효과적으로 제품 지식을 습득하는 실천 가이드**

☐ 제품 매뉴얼과 관련 자료를 철저히 학습하고, 중요한 내용을
　요약하여 복습하고 있는가?

☐ 제품을 직접 사용하여 장단점을 체험해 보았는가?

☐ 고객 피드백을 수집하고 이를 분석하여 제품 개선에 활용하고 있는가?

☐ 기술팀 및 개발팀과 교류하여 제품에 대한 심도 있는 지식을
　얻고 있는가?

☐ 정기적인 제품 교육 세션에 참여하고, 새로운 지식을 습득하기 위한
　목표를 설정했는가?

07
다시 힘을
내는 법

"목표를 달성하지 못했을 때, 어떻게 다시 힘을 낼 수 있을까요?"

(34세, 영업 3년차)

영업에서 '목표'란 무엇일까요? '이번 달 100만원 어치 팔기' 같은 숫
자만을 의미하지 않습니다. 목표는 우리가 도달하고자 하는 지점이
자, 우리의 노력에 방향을 제시하는 나침반과 같습니다. 그것은 '첫 고
객 확보하기', '새로운 시장 진출하기', '고객 만족도 향상시키기' 등 다
양한 형태를 띨 수도 있습니다.

그렇다면 '다시 힘을 낸다'는 것은 무엇을 의미할까요? 단순히 '열심
히 일한다'는 것 이상을 뜻합니다. 좌절과 실패를 겪은 후에도 포기하
지 않고 다시 일어설 수 있는 정신적, 감정적 회복력을 의미합니다. 실
패를 교훈 삼아 새로운 전략을 세우고, 긍정적인 마인드셋을 유지하

며, 다시 한 번 도전할 수 있는 용기를 갖는 것입니다.

실패 후에 다시 시작하는 것

베테랑 영업사원들도 자주 목표 달성에 실패합니다. 그래서 영업인
이라면 누구나 목표 달성에 실패했을 때 다시 힘을 내는 방법을 알아
야 합니다. 영업인의 경력에 실패가 없다면 오히려 이상한 일입니다.

저 역시 수많은 도전과 좌절을 경험했습니다. 처음에는 실패가 저
를 깊은 좌절감에 빠트리곤 했습니다. 시간이 지나면서 깨달은 것은
실패를 어떻게 다루느냐가 영업에서의 성공을 결정짓는 핵심 요소라
는 것입니다. 기억하세요. 영업에서 성공과 실패는 동전의 양면과 같
습니다. 진정한 영업 전문가는 실패에서 배우고, 이를 다음 성공의 디
딤돌로 삼을 줄 아는 사람입니다.

첫째, 마음가짐을 바로 잡는 일입니다. 목표를 달성하지 못했다고
해서 곧장 개인적인 실패로 받아들이지 마세요. 대신 배움의 기회로
여기세요.

제가 영업을 시작했을 때 있었던 일입니다. 대형 계약을 앞두고 있
었는데, 마지막 순간에 경쟁사에 밀려 계약을 놓치고 말았죠. 처음에
는 정말 낙담했습니다. 하지만 곧 실패 경험을 분석하기 시작했습니
다. 분석 결과는 제가 고객의 니즈를 제대로 파악하지 못했다는 것이었
습니다. 덕분에 저는 고객과의 초기 미팅에서 더 많은 시간을 투자하여
그들의 필요를 정확히 이해하려 노력하게 되었습니다. 결과적으로 한
번의 실패가 제 영업 스킬을 크게 향상시키는 계기가 되었습니다.

여러분도 목표를 달성하지 못했을 때, 다음과 같은 질문을 스스로에게 던져보세요 '무엇이 잘못되었나?', '어떤 부분을 개선할 수 있을까?', '이 경험에서 배울 수 있는 교훈은 무엇인가?' 이렇게 실패를 분석하고 배움의 기회로 삼는다면, 여러분은 매번 조금씩 더 나은 영업인이 될 수 있을 겁니다.

둘째, 긍정적인 마인드셋을 유지하는 것입니다. 이게 쉽지 않다는 걸 저도 잘 압니다. 하지만 긍정적인 태도야말로 빠른 회복과 재도전의 핵심입니다.

제 경우 스트레스 관리를 위해 다양한 방법을 시도해 봤습니다. 명상, 운동, 취미 활동 등입니다. 특히 저에게 효과적이었던 것은 '감사일기'였습니다. 매일 밤 그날 있었던 작은 성공이나 감사한 일들을 적어보았습니다. 처음에는 어색했지만, 점차 긍정적인 면을 찾는 습관이 들었습니다.

여러분도 자신만의 스트레스 해소법을 찾아보세요. 그리고 잊지 마세요. 영업의 세계에서 실패는 늘 있습니다. 베테랑이라고 해서 실패하지 않는 게 아닙니다. 중요한 건 그 실패에 어떻게 대응하느냐입니다.

셋째, 목표를 재설정하는 것입니다. 큰 목표를 달성하지 못했다고 해서 모든 게 끝난 게 아닙니다. 때로는 한 걸음 뒤로 물러나 더 작은 목표부터 시작해야 할 때도 있습니다. 제 경험을 하나 더 들려드리겠습니다. 한번은 연간 매출 목표를 크게 밑돌아 정말 큰 좌절을 겪은 적이 있습니다. 그때 저는 목표를 완전히 재설정했습니다. 연간 목표 대신 월간, 주간, 심지어 일일 목표로 쪼개서 접근했습니다.

목표를 세부적으로 쪼개면 매일 최소 5명의 잠재 고객에게 연락하기, 매주 2번의 대면 미팅 성사시키기, 매월 1건의 계약 체결하기 등입니다. 이렇게 작은 목표들을 하나씩 달성해 나가다 보니, 자신감도 회복되고 결과적으로 더 큰 성과를 낼 수 있었습니다.

여러분도 목표 달성에 실패했다면, 잠시 멈추고 목표를 재점검해 보십시요 너무 비현실적인 목표를 세운 건 아닌지, 혹은 목표를 더 작게 나눌 수는 없는지 고민해 보세요.

넷째, 혼자 모든 부담을 짊어지지 마세요. 멘토나 동료의 지원을 받는 것이 큰 도움이 됩니다. 저 역시 어려운 시기마다 선배 영업사원들의 조언을 구했습니다. 그들의 경험담을 듣고 위로받기도 하고, 실질적인 조언을 얻기도 했습니다. 또한 동료들과의 대화도 큰 힘이 되었습니다. 서로의 어려움을 나누고 격려하면서, 혼자가 아니라는 걸 느낄 수 있었거든요.

여러분도 주변에 멘토를 찾아보세요. 꼭 직장 내의 선배가 아니어도 좋습니다. 존경하는 영업인이 있다면 용기 내어 조언을 구해보세요. 또한 동료들과 정기적으로 만나 서로의 경험을 나누는 것도 좋은 방법입니다.

다섯째, 실패를 새로운 기술을 습득할 기회로 삼으십시오. 목표 달성에 실패했다는 건, 어딘가 아직 부족한 점이 있다는 뜻입니다. 부족한 점을 찾아 새로운 영업 기술을 배우거나, 관련 지식을 쌓아야 한다는 신호입니다.

초보 시절 프레젠테이션 스킬이 부족해서 중요한 계약을 놓친 적이 있었습니다. 처음에는 몰랐지만, 실패를 분석해보니 제게 프레젠테이션 스킬이 부족하다는 걸 깨달았습니다. 곧바로 프레젠테이션 관련 강의를 듣고, 책도 읽고, 많이 연습했습니다. 결과적으로 이때의 실패 덕분에 커뮤니케이션 능력을 크게 향상시키는 계기를 만들었습니다. 실패는 부족함을 메꾸게 하는 중요한 알람입니다. 온라인 강의, 관련 서적, 워크숍 등 다양한 학습 방법을 활용하세요.

여섯째, 성공 사례를 연구하는 것입니다. 실패에만 집중하다 보면 자칫 부정적인 사고에 빠질 수 있습니다. 이럴 때 다른 영업인들의 성공 사례를 연구하면 새로운 아이디어와 동기를 얻을 수 있습니다.

저는 어려움을 겪을 때마다 존경하는 영업인들의 책을 읽거나 인터뷰를 찾아봤습니다. 그들도 처음부터 성공한 게 아니라, 수많은 실패를 겪고 극복하며 성장했다는 걸 알게 되면서 큰 위로와 용기를 얻었죠. 여러분도 업계의 성공 사례를 찾아보세요. 앞서서 성공한 사람들이 어떻게 어려움을 극복했는지, 어떤 전략을 사용했는지 연구해 보세요. 새로운 접근 방식이나 아이디어를 발견할 수 있을 겁니다.

TIPS 목표 달성 실패 후 다시 일어서는 방법 6가지

★ 실패를 개인적인 패배가 아닌 학습 기회로 받아들이기
★ 긍정적인 마인드셋 유지하기
★ 목표 재설정하기
★ 멘토와 동료의 지원 받기
★ 새로운 기술 습득하기
★ 성공 사례 연구하기

08
멘탈
관리

"영업 활동을 하다보면 늘 긴장하고 있고 성과 압박과 스트레스에 멘탈이 흔들릴 때가 있습니다. 멘탈 관리를 하는 좋은 방법이 무엇일까요?" (33세, 영업 4년차)

영업에서의 멘탈이란 거친 파도 속에서도 흔들리지 않고 항해할 수 있는 정신적 강인함입니다. 다시 말해 '영업 활동에서의 감정 조절 능력'을 의미하며, 고객의 반응이나 성과에 쉽게 흔들리지 않는 안정적 마음가짐을 유지하는 것도 포함합니다.

영업에서 멘탈의 중요성은 실패와 거절을 대하는 태도에서 가장 잘 드러납니다. 영업 활동은 본질적으로 거절과 실패의 연속일 수 있습니다. 부정적인 경험을 마주할 때 쉽게 좌절하거나 지나치게 흥분하지 않고, 꾸준히 자신의 페이스를 유지하는 것이 멘탈 관리의 목적입니다. 성공적인 영업인은 거절 앞에서도 냉정함을 잃지 않으며, 성공을 이루더라도 성과에 도취되지 않고 다음 단계를 준비합니다.

영업은 단기전이 아닙니다. 장기적인 전략과 지속적인 노력이 필요한 지난한 과정입니다. 영업인의 멘탈은 결국 영업의 길고 험난한 여정에서 최후까지 나를 지탱해주는 힘입니다. 특히 영업 초보일 때는 실수를 많이 경험하면서 한계를 극복하고 성장하는 과정을 통과해야 하기 때문에 안정적인 멘탈을 가질 수 있도록 훈련해야 합니다.

멘탈을 유지하는 5가지 방법

1) 충분한 제품 지식

초보 영업인들이 자주 범하는 실수 중 하나는 충분한 제품 지식 없이 고객을 만나는 것입니다. 제가 영업을 시작했을 때의 일화를 하나 들려드리겠습니다.

한 번은 고객과의 중요한 미팅에서 제품의 핵심 기능에 대한 질문을 받았는데, 제가 제대로 숙지하지 못한 부분이라서 충분히 답변하지 못했습니다. 고객의 실망한 표정을 보면서 땀을 줄줄 흘렸던 기억이 아직도 생생합니다. 그 순간 저는 엄청난 좌절감을 느꼈고, 영업이 저와 맞지 않는 일이라고 생각했습니다.

바로 멘탈 관리가 필요한 상황이었습니다. 지식 부족으로 인한 실수는 누구나 할 수 있습니다. 중요한 것은 빨리 자신의 부족함을 인정하고 성장의 기회로 삼는 것입니다. 실수를 했다고 자신을 책망하지 말고, 실패를 바탕으로 더 열심히 공부하고 준비하는 자세가 필요합니다.

영업이 나와 맞지 않다고 생각할 만큼 좌절감이 들었지만, 덕분에 실패가 기회라는 사실을 깨닫기 시작했습니다. 제품 지식이야말로 영업인의 가장 강력한 무기임을 실감한 것도 이때부터였습니다. 그때부터 저는 제품에 대해 철저히 공부하기 시작했습니다. 매일 밤 제품 매뉴얼을 읽고, 동료들과 제품에 대해 토론했습니다. 점차 제품에 대한 자신감이 생기면서 고객과의 대화에서도 여유가 생겼고, 이는 영업 성과로 이어졌습니다.

2) 고객중심주의

초보 영업인들은 종종 고객의 요구를 잘못 이해하는 실수를 범합니다. 제가 초보티를 벗어나기 시작할 무렵 한 중소도시의 회의실에서 고객 미팅을 할 때의 일입니다. 보통 영업 담당자 2명과 고객사 2명으로 이뤄지는 미팅이 아니라, 우리 회사 담당자 6명과 고객사 담당자 10명이 모이는 큰 자리였습니다.

한 고객이 우리 제품의 특정 기능에 대해 문의를 했고, 저는 해당 기능의 장점을 열심히 설명했습니다. 충분한 설명을 전했음에도 불구하고 고객의 반응은 미지근했습니다. 나중에 알고 보니 고객은 해당 기능이 자사의 비즈니스에 적합한지 여부를 확인하고 싶었다고 합니다. 그런데 제 일방적인 설명으로 인해 도리어 고객은 불만을 가졌고, 그 불만을 해소하는 데에 시간이 많이 걸렸습니다.

영업은 나를 드러내는 자리가 아닙니다. 언제나 고객을 중심에 두어야 합니다. 우리 제품, 우리 회사보다 고객의 필요와 고객사의 성장이 먼저입니다. 이때의 경험이 정말 큰 교훈이 되었습니다. 고객의 말을 주의 깊게 듣고, 그들의 진짜 니즈를 파악하는 것이 얼마나 중요한 지를 깨달았습니다.

고객과의 대화에서 실수를 했다고 해서 좌절하지 마세요. 대신 적극적으로 경청하는 능력을 기르는 데 집중하세요. 고객의 말을 끊지 않고 경청하고, 이해했는지 확인하는 질문을 하는 습관을 들이세요. 고객을 중심에 놓는 습관은 시간이 지날수록 여러분의 강점이 될 것입니다.

3) 정직한 신뢰구축

초보 영업인들은 종종 계약을 성사시키기 위해 과도한 약속을 하는 실수를 범합니다. 제 경험을 들려드리겠습니다. 역시 영업 초보 시절 때입니다. 저는 큰 계약을 따내기 위해 무리한 납기와 추가 서비스를 약속했습니다. 현실적으로 무리한 부분이 있었지만, 그것보다 당장의 계약 성사가 급했습니다.

덕분에 계약은 성사되었지만, 약속했던 납기와 추가 서비스는 지키지 못했고, 저는 계약보다 더 중요한 고객의 신뢰를 잃어버리고 말았습니다. 저는 정말로 크게 충격을 받았고 한동안 자신감을 잃고 제 자신을 비난하기도 했었습니다. 그러나 포기하지 않고 다시 시작할 마음을 먹었습니다.

정직과 신뢰의 중요성을 뼈저리게 깨달았기 때문에 이후로는 항상 현실적인 약속만을 하고, 그 약속을 반드시 지키려 노력했습니다. 때로 조금만 무리하면 될 것 같다는 유혹이 와도 실패의 경험을 떠올리며 냉정을 되찾았습니다. 달라진 제 태도는 고객들의 신뢰를 얻는 큰 도움이 되었습니다.

단기적인 성과를 위해 무리한 약속을 하지 마세요. 대신 정직하고 현실적인 제안을 하는 것이 장기적으로 더 큰 신뢰와 성과를 가져옵니다. 약속을 지키지 못했을 때의 실망감보다, 정직한 태도를 바탕으로 하는 신뢰 구축이 더 중요하다는 것을 명심하세요.

4) 비언어적 신호 읽기

많은 초보 영업인들이 고객의 비언어적 신호를 놓치는 실수를 합니다. 제 경험을 나누겠습니다. 한번은 고객과의 미팅에서 제품 설명에만 집중한 나머지, 고객의 지루해하는 표정과 몸짓을 놓쳤습니다. 결국 미팅은 성과 없이 끝났고, 후에 알고 보니 고객은 제 장황한 설명에 흥미를 잃었다고 합니다. 저는 이때부터 고객의 표정, 몸짓, 목소리 톤 등을 주의 깊게 관찰하는 습관을 들였습니다.

고객의 비언어적 신호를 읽지 못했다고 해서 자책하지 마세요. 대신 이를 개선의 기회로 삼으세요. 감정 지능을 높이는 훈련을 하고, 매 미팅 후 고객의 반응을 분석하는 습관을 들이세요. 시간이 지날수록 여러분은 고객의 미세한 반응까지 읽을 수 있는 능력을 갖추게 될 것입니다.

5) 시장 조사와 경쟁사 정보 획득

초보 영업인들은 종종 경쟁사에 대한 정보가 부족한 채로 고객을 만나는 실수를 범합니다. 저도 실수한 적이 있었습니다. 고객이 갑자기 경쟁사 제품에 대해 물었지만 저는 충분한 정보가 없어서 답하지 못했습니다. 결국 그 계약은 경쟁사에 돌아갔습니다. 이때의 좌절감 역시 정말 컸습니다. 하지만 덕분에 저는 이때부터 시장 조사와 경쟁사 분석에 더 많은 시간을 투자하기 시작했습니다. 정기적으로 시간을 할애해 시장 동향, 경쟁사 정보, 새로운 영업 기술 등을 학습하는 습관을 들이세요. 영업인은 늘 공부해야 합니다. 장기적으로 여러분의 경쟁력을 높이고, 자신감을 향상시킬 것입니다.

실패를 거듭해도 흔들리지 않는 법

영업에서의 멘탈 관리는 단순한 긍정 마인드 갖기 그 이상입니다. 항상 실패와 거절을 배움의 기회로 삼고, 지속적인 자기계발을 통해 전문성을 키우며, 고객과의 관계에서 진정성과 신뢰를 바탕으로 한 소통을 실천하는 것입니다. 힘든 일이 있어도 아무렇지 않은 척 하는 것이 아니라, 영업 활동 중에 빈틈이 생기지 않도록 원천적으로 차단하는 것이 더 확실한 멘탈관리 방법입니다.

그래서 영업에서의 멘탈 관리란 복합적인 능력(skill set)입니다. 제품 지식의 부족, 고객 요구 오해, 과도한 약속, 비언어적 신호 인식 실패, 경쟁사 정보 부족 등이 일으키는 문제를 관리하는 능력이라고 할 수 있습니다.

멘탈 관리는 결국 나 자신과의 싸움입니다. 실패와 좌절에 직면했을 때 포기하지 않고 그것을 교훈 삼아 더 나은 영업인으로 성장하겠다는 의지, 그리고 성공했을 때도 자만하지 않고 계속해서 발전하려는 자세가 핵심입니다.

★ 충분한 제품 지식
★ 고객 중심의 적극적 경청
★ 현실적 업무 접근
★ 비언어적 신호 인식
★ 경쟁사 정보 파악과 학습

2부

고객의 _____ 맥박을
읽고 있습니까?

신뢰는 영업의 가장 강력한 자산입니다. 고객과의 관계를 시작할 때 신뢰가 쌓이지 않으면 그 어떤 전략도 빛을 발하지 않습니다. 신뢰는 단순히 고객이 영업사원을 좋아하는 것을 넘어, 여러분의 제안이 그들의 문제를 해결할 수 있을 것이라는 믿음을 바탕으로 합니다. 이 믿음이 쌓일 때 비즈니스 기회는 자연스럽게 생겨납니다.

01
고객의
성향

"고객마다 성향이 다 다른데 어떻게 고객의 성향을 파악하고 딱 맞출 수 있을까요?" (28세 여성, 영업 2년차)

혹시 이런 느낌 아시나요? 넓은 도서관에서 책을 찾던 도중에 갑자기 길을 잃은 것 같은 기분이 들 때 말입니다. 책이 가득 찬 서가가 숲처럼 줄지어 있지만, 내가 찾는 책이 도대체 어디 있는지 모를 때가 있습니다.

영업 초보 시절 처음 고객을 만날 때도 비슷한 감정이 듭니다. 내가 지금 만난 이 사람이 정말 '내 고객'인지, 내 제안이 이 사람에게 정말 가치 있는 내용인지 갈피를 잡지 못하는 것입니다. 아무리 좋은 상품과 서비스라도 잘못된 사람에게 접근하고 있다는 느낌이 들면 자연스레 '이 사람이 정말 고객이 맞을까?', '진짜 고객은 어디에 있을까?' 같은 반문을 하게 됩니다.

일반적으로 고객이란 내가 제공하는 상품이나 서비스에 필요성을 느끼거나 가치를 얻을 가능성이 높은 사람을 의미합니다. 즉 어떤 문제를 해결하기 위한 새로운 선택지를 찾고 있거나 이미 사용 중인 상품에 대한 개선을 찾는 중일 것입니다. 영업 초보자라면 자신의 서비스가 누구에게 적합한지, 그들이 어떤 니즈를 갖고 있는지 명확히 이해하는 것이 우선입니다. 물론 고객 맞춤을 해야 한다고 머리로는 알아도 실제 현장에서 고객 맞춤을 이해하고 접근하는 것은 쉽지 않은 일입니다.

우리는 먼저 '내 고객'을 정의하는 데서 출발해야 합니다. 영업에서는 모든 사람을 고객으로 볼 수 있지만, 실제 현실에서 '내 고객'은 한정적입니다.

여기, 잠재 고객을 식별하고 우선순위를 정하기 위해 초보자들이 활용할 수 있는 실질적 질문을 소개합니다. 초보 영업자들은 잠재 고객의 가능성을 평가하고, 모든 사람을 대상으로 하기보다는 관심과 필요가 확실히 보이는 사람에게 집중할 수 있게 됩니다.

"이 사람이 내가 제공하는 상품이나 서비스에 관심을 가질 가능성이 있는가?"
"이 사람이 현재 어떤 문제를 겪고 있거나 불편함을 느끼고 있는가?"
"이 사람에게 제안할 솔루션이 구체적으로 어떤 도움이 될 수 있을까?"

고객의 성향에 맞춰서 접근하라
고객을 성향별로 파악한 후 적절한 접근 방식을 채택하는 것이 해답이 되기도 합니다. 우리는 고객을 분석형, 관계형, 결정형, 창의형이라는 네 가지 대표 성향으로 구분할 수 있습니다.

　분석형 고객은 데이터를 중요하게 생각하고 세부 사항을 신중하게 따지는 성향이 있습니다. 분석형 고객에게는 신속한 결정보다는 논리적이고 체계적인 정보 제공이 필요합니다. "이 제품을 도입한 후 20%의 비용 절감 효과를 본 A기업의 사례가 있습니다" 같이 구체적인 자료를 통해 신뢰를 쌓는 것이 효과적입니다.

　관계형 고객은 영업사원과의 인간적 유대감을 더 중요시합니다. 제품의 기능보다 사람이 먼저 중요하다고 느낍니다. 관계형 고객에게는 진심 어린 대화와 인간적인 관심이 필수적입니다. 날씨나 취미처럼 일상적인 이야기로 편안한 분위기를 만들고 신뢰를 쌓아야, 그들이 비즈니스 이야기를 자연스럽게 받아들일 수 있습니다.

　결정형 고객은 신속하고 간단한 결정을 선호하며, 복잡한 설명보다는 핵심적인 정보에 집중하는 경향이 있습니다. 결정형 고객에게는 간결하게 핵심 혜택만을 전달하는 것이 중요합니다. 길고 복잡한 설명 대신 "이 제품이 귀사의 문제를 가장 빠르고 효과적으로 해결할 수 있습니다" 같은 단도직입적인 메시지가 효과적입니다.

　창의형 고객은 새롭고 혁신적인 아이디어를 선호하며, 평범한 방식보다는 창의적 접근을 기대하는 성향이 있습니다. 이들은 차별화된 해결책과 새로운 트렌드에 매력을 느낍니다. 최근 트렌드와 귀사에 도움 될 만한 방안을 제시하는 등 혁신적인 아이디어로 접근하는 것이 효과적입니다.

고객 성향 파악 방법 3가지

고객 성향을 제대로 파악하려면 첫째, 관찰과 경청이 중요합니다. 고객의 반응, 언어 스타일, 행동을 세심하게 관찰함으로써 고객이 중시하는 가치와 관심을 파악할 수 있습니다. 빠르게 결정을 내리려 하거나 즉각적인 질문을 던지는 고객이라면 실용적인 결과를 중시하는 경향이 강할 수 있습니다. 반면 여유롭게 이야기를 나누며 다양한 이야기를 즐기려는 고객이라면 관계 중심적인 성향일 가능성이 높습니다.

둘째, 질문을 통해 고객의 성향을 파악하는 것도 효과적입니다. "현재 가장 큰 고민은 무엇인가요?" 같은 개방형 질문을 통해 고객이 중요하게 생각하는 문제를 자연스럽게 설명할 기회를 제공하세요. 이때는 고객의 답변에서 단순히 정보만 얻는 것이 아니라, 그들이 진정으로 중요하게 생각하는 바를 포착하는 것이 중요합니다. 초보 영업자는 대화 중에 고객의 반응을 세심히 관찰하고, 그들이 원하는 바를 끊임없이 탐색해야 합니다.

셋째, 경험을 통해 배운 것을 기록하고 반영하는 습관은 고객의 성향을 파악하고 맞춤형 접근을 익히는 데 큰 자산이 됩니다. 매번의 만남에서 느낀 점을 기록해두고, 그에 대한 교훈을 다음 미팅에 반영해보는 것이 도움이 됩니다. 이런 과정을 반복하며 자신의 영업 노하우가 쌓이고, 시간이 흐르면서 각기 다른 고객과의 관계에서 점점 더 자연스럽게 맞춤형 접근을 하게 됩니다.

결론적으로 모든 고객에게 동일한 방식으로 다가가는 것은 적절하지 않습니다. 고객의 성향을 파악하고 그에 맞는 맞춤형 접근을 시도하는 것이 영업에서 핵심입니다. 처음에는 어색하고 어렵게 느껴질 수 있지만, 차츰 이러한 접근 방식을 연습하며 능숙하게 변화할 것입니다. 고객을 이해하고 진심으로 다가가려는 마음이 신뢰로 이어지며, 영업 성공의 중요한 디딤돌이 될 것입니다.

■ 고객 성향 파악을 위한 일상 훈련

① 사람들의 걸음걸이 관찰하기 : 사람이 걷는 속도나 자세는 그들의 성향을 드러내는 중요한 요소 중 하나입니다. 예를 들어, 빠르게 걷는 사람은 결단력이 강하고 목표지향적일 가능성이 크고, 천천히 걷는 사람은 여유롭고 신중한 성격일 수 있습니다. 길을 걸으며 사람들의 걸음걸이를 관찰하고 그들의 성향을 상상해보는 연습을 하면, 고객과의 첫 만남에서 성향을 추측하는 데 도움이 될 수 있습니다.

② 표정과 제스처 읽기 : 사람의 표정과 제스처는 그들이 어떤 생각을 하고 있는지를 알 수 있는 중요한 단서입니다. 카페나 대중교통 같은 공공장소에서 사람들이 대화할 때 사용하는 손짓, 얼굴 표정을 관찰하고, 그들이 어떤 감정을 가지고 있는지 추측해보는 훈련을 할 수 있습니다. 이렇게 표정과 제스처를 주의 깊게 읽는 연습은 고객과의 대화에서 비언어적인 신호를 놓치지 않게 도와줍니다.

③ 의상과 색상 분석 : 사람의 의상은 그들의 성향을 반영하기도 합니다. 예를 들어, 밝고 강렬한 색상을 자주 입는 사람은 외향적이고 자신감이 넘칠 가능성이 크며, 차분하고 어두운 색상을 입는 사람은 신중하고 조용한 성향일 수 있습니다. 일상에서 사람들의 의상을 관찰

하며 그들의 성향을 분석해보는 것은 고객의 첫인상을 바탕으로 성향을 파악하는 데 유용한 훈련이 될 수 있습니다.

④ 대화 패턴 분석 : 혼자 있을 때는 영화나 TV 프로그램을 보면서 등장인물의 대화 패턴을 분석하는 연습을 할 수 있습니다. 대화에서 주로 말하는 사람이 누구인지, 침착하게 경청하는 사람이 누구인지, 결론을 빨리 내리고 싶은 사람은 누구인지를 파악해보세요. 이런 훈련을 통해 다양한 대화 스타일을 접하고, 실제 고객과의 대화에서도 각자의 성향을 더 쉽게 파악할 수 있습니다.

⑤ 판매사원 관찰하기 : 상점에 들러 판매사원의 대응을 관찰하는 것도 좋은 훈련입니다. 그들이 고객을 어떻게 대하는지, 고객의 성향에 따라 어떻게 태도를 바꾸는지를 유심히 보며 학습할 수 있습니다. 특히, 고객이 어떤 질문을 던지거나 불만을 표시할 때 그 상황에 맞춰 어떻게 대처하는지를 분석하는 것도 실전에서 큰 도움이 될 수 있습니다.

⑥ 소셜 미디어 분석하기 : 고객 성향을 파악하는 데 소셜 미디어를 활용하는 것도 좋은 방법입니다. 사람들이 소셜 미디어에서 올리는 글, 사진, 댓글 등을 보면 그들의 취향과 관심사를 알 수 있습니다. 이를 통해 어떤 성향의 고객인지 더 빠르게 이해할 수 있죠. 평소에 유명 인플루언서나 기업의 소셜 미디어 계정을 분석하면서, 어떤 사람이나 집단이 어떤 주제에 관심을 가지는지 파악하는 훈련을 해보세요.

⑦ 역할극(Role-Playing) 훈련 : 혼자서도 할 수 있는 역할극 훈련은 다양한 상황에서 고객의 반응을 예측하는 데 효과적입니다. 스스로 고객의 입장에 서서 "이 상황에서 고객은 어떤 반응을 보일까?"라고 생각해보면서 대화를 연습하는 것이죠. 이런 연습은 실제 고객과의 만남에서 예상치 못한 반응에 당황하지 않고 침착하게 대응할 수 있게 해줍니다.

⑧ 다양한 업종의 영업 사례 분석 : 다양한 업종에서의 영업 성공 사례를 분석하는 것도 성향 파악 훈련에 도움이 됩니다. 다른 업종에서는 어떻게 고객의 요구를 파악하고 그에 맞춰 접근했는지 살펴보며 공통된 패턴을 찾는 것입니다. 이를 통해 각 업종에 맞는 고객 성향 파악 방법을 자연스럽게 익힐 수 있습니다.

⑨ 심리학 책 읽기 : 고객의 성향을 빠르게 파악하기 위해서는 사람의 심리를 이해하는 것이 중요합니다. 사람의 행동과 의사결정을 이해하는 데 도움이 되는 심리학 서적을 읽어보는 것도 큰 도움이 됩니다. "대화의 심리학"이나 "설득의 심리학" 같은 책들은 고객의 행동을 더 잘 파악하고, 그들의 요구를 추측하는 능력을 키워줍니다.

⑩ 미팅 후 복기하기 : 실제 고객 미팅 후에는 그 미팅에서 어떤 성향의 고객이었는지 스스로 복기하는 시간을 가져보세요. 고객의 반응을 어떻게 해석했는지, 그 해석이 정확했는지, 더 잘 대처할 수 있었던 부분은 무엇인지 정리하는 것이 중요합니다. 이를 통해 실전에서 더 빠르게 고객 성향을 파악할 수 있는 능력을 길러갈 수 있습니다.

02
고객에게
질문하기

"고객이 원하는 것을 재빨리 알아내고 정확히 파악하기 위해 어떤 질문을 해야 할까요?" (31세, 영업 3년차)

여러분이 만약 지금 허리가 아파서 병원에 갔다고 합시다. 진료실에 들어가면 의사가 가장 먼저 하는 말이 무엇일까요? 아마 거의 대부분 "어디가 불편하세요?"라고 물을 겁니다. 의사가 물어보니까 답은 해야겠는데 좀 막막해지지요. 허리가 아프긴 한데, 이게 피곤해서 그런 건지, 오래 앉아 있어서 그런 건지 확실하지 않으니까요. 결국 "뭔가 전체적으로 좀 불편해요"라고 대답하게 됩니다. 이런 모호한 답변에 의사는 하나씩 구체적인 질문을 던지며 증상을 짚어보죠. "언제부터 아프셨나요?", "어떤 자세일 때 더 불편한가요?" 이러한 질문들을 통해 나도 내 증상이 무엇인지 점점 명확하게 느끼게 되고, 의사도 점차 진단을 구체화할 수 있게 됩니다.

영업에서도 자주 겪는 상황입니다. 때로는 고객 역시 자신이 원하는 것이 무엇인지 명확하게 표현하지 못할 때가 많기 때문입니다. 그저 막연히 "우리 회사에 맞는 솔루션이 필요하다"라고 말하긴 하지만, 그 안에 숨겨진 진짜 필요와 고민을 하나씩 구체화하지 않으면 방향을 잡기 어렵습니다. 이때 영업 담당자가 던지는 질문이 바로 해결의 실마리입니다. 고객이 필요로 하는 것이 무엇인지 구체적인 질문을 통해 하나씩 이끌어내는 과정인 것입니다.

좋은 의사일수록 환자에게 다양한 질문을 통해 문제의 본질을 찾아내는 것처럼 영업도 고객의 진정한 니즈를 파악하기 위해 세심한 질문을 던져야 합니다. 이 글에서는 고객이 원하는 것을 미리 알아내고 정확히 파악하는 질문은 무엇인지, 어떤 질문이 효과적인지, 그리고 그 질문들이 어떻게 대화를 이끌어가는 지 이야기해보려 합니다.

고객의 진정한 니즈를 파악하는 일은 단순히 제품을 판매하는 것을 넘어, 그들의 문제를 이해하고 해결책을 제안하는 중요한 단계입니다. 고객이 원하는 것이 무엇인지 제대로 이해하지 못한다면 그들에게 진정으로 필요한 가치를 제공하기 어려우며, 이는 곧 신뢰 형성의 기회를 놓치는 일이기도 합니다. 영업은 단순한 거래가 아닌 신뢰를 쌓아가는 여정이므로, 고객의 니즈를 명확히 파악하는 일은 영업 전략의 시작점이자 핵심 성공 요소입니다.

고객이 보내는 신호
대화 속에서 고객이 보내는 신호에 세심한 주의를 기울여야 합니다. 이야기할 때 순간적으로 표정이 밝아지거나, 특정 단어를 반복하는 경우가 있습니다. 고객의 반응을 포착하고 "○○ 부분이 특별히 중요한 이유가 있으신가요?"처럼 다시 물어보면 고객 입장에서도 자신의 니즈를 더 명확하게 표현할 기회를 얻게 됩니다. 적절한 호응은 고객이 자신의 필요를 정리하도록 돕고, 영업 담당자는 이를 통해 실질적인 해결책을 준비할 수 있는 중요한 단서를 얻게 됩니다.

다음으로는 기존 고객의 피드백을 적극적으로 활용하는 것이 효과적입니다. 이미 우리 제품이나 서비스를 사용 중인 고객들의 경험을 통해 새로운 고객이 어떤 부분에서 필요를 느낄지 예측할 수 있습니다. 예를 들어 기존 고객이 특정 기능에 높은 만족감을 보였다면 잠재 고객에게 "다른 고객들은 이 기능이 이런 문제를 해결해 주었다고 말씀하시는데, 귀사의 상황에서도 같은 도움이 필요하신가요?"라는 질문을 던질 수 있습니다. 이 질문은 우리 제품이 어떤 문제를 해결할 수 있는지를 자연스럽게 보여주면서 고객으로 하여금 자신의 필요를 직접 생각해볼 수 있게 합니다.

경쟁사를 면밀히 조사하는 것도 매우 유용한 방법입니다. 경쟁사의 제품을 사용하는 고객이 무엇에 만족하고, 어떤 점에서 불편을 겪는지 파악하는 것입니다. 우리는 경쟁사 제품이 해결하지 못한 문제를 파악하고, 고객의 니즈를 더욱 정확히 이해할 수 있습니다. "타사 제품을 사용하실 때 불편하신 점이 있으셨나요?" 하고 물으면 고객이 우리 제품에 더욱 구체적인 관심을 가질 수 있게 합니다. 경쟁사의 약점을 보완할 수 있는 해결책을 제시하면, 고객은 우리가 자신의 상황을 깊이 이해하고 있다고 느낄 것입니다.

고객의 비즈니스를 깊이 이해하려는 노력도 반드시 필요합니다. 고객이 속한 업계 동향, 경쟁 환경, 비즈니스 목표 등을 철저히 조사하는 것입니다. 특정 업계의 최근 변화나 트렌드에 대해 미리 조사하고, "최근에 귀사와 같은 업계에서는 이런 변화가 있다고 들었습니다. 이에 대한 고민이 있으신가요?" 같은 질문을 던져 보세요. 이는 고객이 느끼는 현실적인 문제를 깊이 이해하고 있음을 보여주는 동시에 고객에게 실질적으로 필요한 솔루션을 준비할 수 있게 해 줍니다.

여기에 더해 소셜 미디어나 온라인 리서치를 효과적으로 활용할 수 있습니다. 고객의 최근 활동이나 관심사를 파악하고, 이를 기반으로 대화를 시작하는 것이 매우 유익합니다. 고객사의 공식 블로그나 SNS에 올라온 글을 참고하여 "최근 이런 프로젝트를 진행하신 것을 보았는데, 이를 위해 어떤 지원이 필요하실까요?"라고 질문할 수도 있습니다. 그러면 고객이 우리에게 마음을 열고 자신의 필요를 더욱 명확히 표현할 기회를 만들어 줍니다.

고객과의 대화에서 비언어적 신호를 읽어내는 것도 매우 중요합니다. 고객의 표정, 말투, 몸짓 등을 세심히 관찰하며 대화를 이어가세요. 고객이 피곤한 표정을 짓거나, 대화 도중 자주 시계를 본다면 시간에 쫓기고 있거나 다른 고민이 있을 수 있습니다. "오늘 일정이 바쁘신 것 같은데, 주요 사항만 짧게 말씀드릴까요?"라고 물어보면 효과적입니다. 고객이 더욱 편안하게 대화를 나눌 수 있게 하고, 진정으로 필요로 하는 바를 더 명확히 이해할 수 있습니다.

동료나 선배와의 대화에서 얻는 지혜도 매우 중요합니다. 영업 경험이 풍부한 선배나 다른 부서의 동료들과 함께 고객 사례를 논의하는 것은 새로운 인사이트를 얻는 소중한 기회가 됩니다. 선배의 경험을 통해 "나는 특정 상황에서 어떤 질문이 효과적이었다"는 이야기를 들으면 앞으로의 대화에서 고객의 니즈를 더욱 깊이 파악할 수 있는 통찰력을 얻을 수 있습니다.

고객과의 대화를 마무리할 때에도 다음 단계로 자연스럽게 이어갈 수 있는 기대감을 심어주는 것이 중요합니다. 고객에게 필요한 정보를 충분히 전달하고, 향후 만남을 제안하며, "다음번 만남에서는 구체적인 솔루션을 가지고 찾아뵙겠습니다"라고 말하면 고객에게 긍정적인 기대감을 줄 수 있습니다. 대화 중 논의된 내용을 요약하고 필요한 자료를 준비해 가는 모습은 고객에게 신뢰를 심어주며, 다음 만남의 성과를 높이는 중요한 단계가 됩니다.

고객의 니즈를 파악하는 일은 영업의 기본이자 핵심입니다. 대화 속에서 고객이 보내는 신호를 주의 깊게 관찰하고, 그들의 이야기에 진심으로 귀 기울이세요. 질문을 통해 고객의 생각과 문제를 구체화하고, 그들의 필요에 맞는 맞춤형 솔루션을 제안할 때, 고객은 우리와의 관계를 더욱 긍정적으로 바라보게 될 것입니다.

영업 초보자들도 경험을 쌓고 질문의 힘을 익히면서 자신만의 독특한 스타일을 만들어갈 수 있습니다. 고객의 이야기를 경청하고 질문을 통해 그들의 진정한 니즈를 이해하는 순간, 여러분의 영업 여정은 한층 더 깊이 있게 성장할 것입니다. 이러한 과정을 통해 우리는 단순한 판매자가 아닌, 고객의 진정한 파트너로 발전해 나갈 수 있습니다.

Chack List 고객의 요구사항을 사전에 파악하기 위한 실천 가이드

1. 고객에게 직접 물어보기

☐ 고객에게 열린 질문을 던졌는가?
  (예: "현재 비즈니스에서 가장 큰 도전은 무엇인가요?")

☐ 고객이 스스로 필요를 표현할 수 있도록 유도했는가?

☐ 고객의 답변을 적극적으로 경청하고 기록했는가?

2. 기존 고객의 인터뷰 활용하기

☐ 만족도가 높은 기존 고객들과 인터뷰를 진행했는가?

☐ 그들의 피드백을 새로운 영업 전략에 반영했는가?

☐ 고객이 좋아하는 점과 개선이 필요한 점을 파악했는가?

3. 경쟁사 조사하기

☐ 경쟁사의 제품이나 서비스를 분석했는가?

☐ 경쟁사 고객들의 만족도와 불만 사항을 조사했는가?

☐ 우리 제품의 강점과 약점을 명확히 파악했는가?

4. 동료들과 의견 나누기

☐ 팀원들과 정기적으로 경험을 공유하고 있는가?

☐ 선배 영업사원의 노하우를 배우고 적용했는가?

☐ 다른 부서와의 협업을 통해 다양한 시각을 얻었는가?

5. 고객의 사업 깊이 이해하기

☐ 고객사의 비즈니스 모델과 업계 동향을 연구했는가?

☐ 고객의 경쟁 환경과 시장 트렌드를 파악했는가?

☐ 고객의 사업 목표와 과제를 이해하고 있는가?

6. 소셜 미디어와 온라인 리서치 활용하기

- ☐ 고객사의 홈페이지와 SNS를 방문하여 최신 정보를 얻었는가?
- ☐ 온라인에서 고객사의 최근 활동이나 이슈를 조사했는가?
- ☐ 인터넷 리서치를 통해 고객의 관심사를 파악했는가?

7. 업계 이벤트나 세미나 참석하기

- ☐ 관련 업계 행사나 세미나에 참석했는가?
- ☐ 행사에서 잠재 고객과의 네트워크를 구축했는가?
- ☐ 이벤트를 통해 얻은 정보를 영업 전략에 반영했는가?

8. 설문조사 활용하기

- ☐ 잠재 고객을 대상으로 설문조사를 진행했는가?
- ☐ 설문 결과를 분석하여 고객의 필요를 파악했는가?
- ☐ 설문 참여율을 높이기 위한 인센티브를 제공했는가?

9. 데이터 분석 활용하기

- ☐ 회사의 판매 데이터와 고객 데이터를 분석했는가?
- ☐ 데이터에서 패턴이나 트렌드를 발견했는가?
- ☐ 분석 결과를 바탕으로 고객 세그먼트를 구분했는가?

10. 고객의 언어와 표현에 주목하기

- ☐ 고객과의 대화에서 자주 사용하는 단어나 표현을 기록했는가?
- ☐ 고객의 핵심 관심사를 파악했는가?
- ☐ 고객의 언어를 활용하여 제안을 구성했는가?

11. 비언어적 신호 파악하기

☐ 고객의 표정, 몸짓, 말투를 관찰하고 있는가?

☐ 비언어적 신호를 통해 숨은 감정을 이해했는가?

☐ 비언어적 단서를 바탕으로 대화의 방향을 조정했는가?

12. 고객의 고객 이해하기

☐ 고객사의 최종 소비자나 중요한 클라이언트를 이해하고 있는가?

☐ 고객의 고객이 원하는 가치를 파악했는가?

☐ 이를 통해 고객사에 맞춤 솔루션을 제안했는가?

03
첫 번째 미팅
질문 준비

"신규 고객을 만날 때마다 항상 첫 번째 미팅이 어렵습니다. 첫 번째 미팅을 위해 질문을 잘 준비하는 방법은 무엇일까요?" (25세, 영업1년차)

첫 단추를 잘 끼어야 한다는 말처럼 늘 신경 쓰이고 부담스러운 게 첫 번째 미팅입니다. 지금도 많은 후배들이 첫 번째 미팅을 준비하면서 어려움을 토로하는데요. 특히 영업을 처음 시작하는 초보자에게는 더 막막하게 느껴지겠지요.

너무 많은 질문은 대화가 일방적으로 흘러갈까 걱정되고, 질문이 너무 적으면 고객의 필요를 제대로 파악하지 못할까 또 걱정입니다. 첫 미팅에서 던지는 질문은 대화를 이어가는 수단보다 더 중요한 기능을 합니다. 고객의 문제를 깊이 이해하고 맞춤형 솔루션을 제공하는 강력한 도구입니다.

첫 번째 미팅에서는 고객과의 신뢰를 쌓고, 그들이 무엇을 필요로 하는지를 파악하는 데 집중해야 합니다. 무작정 많은 질문을 던지기보다는 고객의 실제 비즈니스와 문제점을 파악할 수 있는 핵심 질문을 준비하는 것이 중요합니다. 질문의 수보다 질이 중요합니다. 많은 질문보다 좋은 질문이 필요합니다. 질문을 통해 고객이 겪고 있는 문제를 정확히 파악하고, 그들의 요구를 충족시키기 위한 대화를 이끌어가는 것이야말로 성공적인 영업 미팅의 핵심입니다.

준비된 질문이 첫 미팅을 좌우한다

준비된 질문은 미팅의 흐름을 자연스럽게 만들고, 고객과 신뢰를 쌓는 중요한 역할을 합니다. 저의 경험을 바탕으로 여러분이 첫 미팅에서 성공적으로 질문을 준비할 수 있도록 구체적인 방법을 알려드리겠습니다.

첫 번째 준비는 사전 조사입니다. 고객사의 웹사이트, 뉴스 기사, 소셜 미디어를 통해 고객의 현재 상황과 비즈니스 목표를 미리 파악해야 합니다. 고객이 어떤 사업을 하고 있고, 최근 어떤 이슈나 성과를 거두었는지를 알아보는 것은 첫 질문의 방향을 설정하는 데 큰 도움이 됩니다. 저도 처음에는 사전 조사가 번거롭게 느껴졌습니다. 시간이 많이 소요될 것 같았고, 내가 알아낸 정보가 미팅에서 제대로 활용될 수 있을지도 의문이었죠. 하지만 한 번은 고객사에 대해 충분히 조사하지 않은 채 미팅에 들어갔던 적이 있었는데, 그때 고객이 저에게 "우리 회사의 주요 제품을 아시나요?"라고 물었을 때 제대로 대답하지 못했던 기억이 있습니다. 그 이후로는 반드시 미리 고객의 웹사이트와 관련 자료를 읽고 중요한 사항을 숙지한 후에 미팅에 임하게 되었죠. 사전 조사를 하면 다음과 같이 질문할 수 있습니다.

"귀사의 최근 사업 확장에 대해 들었습니다. 확장하는 과정에서 부딪힌 가장 큰 도전 과제는 무엇이었나요?"

그러면 고객은 자신이 어떤 문제를 만났고 앞으로는 어떤 문제를 해결해야 하는지 자연스럽게 이야기하게 됩니다.

첫 미팅에서 얼마나 많은 질문을 준비해야 할까요? 적정 수량에 대한 고민은 당연한 것이지만 가장 중요한 것은 양보다는 질입니다. 질문이 너무 많으면 고객이 답변에 압박감을 느끼거나 대화가 산만해질 수 있고, 질문이 너무 적으면 고객의 필요를 충분히 파악하지 못할 수 있습니다.

제 경험으로는 첫 미팅에서 대략 5~7개의 핵심 질문이 있으면 적당합니다. 그 정도면 대화가 자연스럽게 이어지면서도 고객의 니즈를 충분히 파악할 수 있습니다. 대신 추가질문을 꼭 준비해야 합니다. 추가질문이야말로 성패를 좌우하는 중요한 요소입니다. 추가 질문은 준비한 핵심 질문에 대한 고객의 답변을 경청하면서 적절하게 활용할 수 있습니다.

이를 테면 첫 번째 질문으로 "귀사의 최근 주요 목표는 무엇인가요?"라는 질문을 던졌을 때, 고객이 "우리는 지금 비용 절감에 주력하고 있습니다"라고 답변한다면, 그다음으로 "어떤 영역에서 주로 비용 절감을 계획하고 계신가요?"라는 추가 질문을 던질 수 있습니다.

물 흐르듯 대화를 이어나가는 질문 활용법

질문을 준비할 때는 열린 질문과 닫힌 질문의 조합이 필요합니다. 열린 질문은 고객이 자신의 생각이나 의견을 자유롭게 표현할 수 있도록 도와주는 질문이고, 닫힌 질문은 특정한 정보를 얻기 위해 구체적인 답변을 요구하는 질문입니다. 두 가지 질문 모두 적절히 사용되어야 미팅에서 필요한 정보를 효과적으로 얻을 수 있습니다.

열린 질문은 고객의 이야기를 더 많이 듣고, 그들이 겪고 있는 문제를 깊이 파악하는 데 유용합니다. "현재 귀사의 가장 큰 도전 과제는 무엇인가요?" 같은 열린 질문은 고객이 보다 다양한 관점에서 자신의 문제를 설명할 수 있게 해줍니다.

반면 닫힌 질문은 구체적인 정보가 필요할 때 효과적입니다. "이 프로젝트의 결정권자는 누구인가요?" 또는 "귀사는 어느 정도의 예산을 계획하고 계신가요?" 같은 질문은 고객에게 명확한 정보를 얻는 데 유익합니다. 닫힌 질문은 대답이 간결하고 명확하기 때문에, 미팅을 효율적으로 이끌어가는 데 유리합니다.

열린 질문과 닫힌 질문을 조합하면 고객과의 대화가 자연스러우면서도 적절하게 명확한 정보를 얻을 수 있습니다. 열린 질문을 던져 고객이 자신의 이야기를 충분히 할 수 있게 한 뒤에 구체적인 정보를 얻기 위해 닫힌 질문으로 대화를 이어가면 좋습니다. 예를 들어 고객이 "최근 인력 문제로 어려움을 겪고 있습니다"라고 답했다면 "어떤 부서에서 인력 문제가 가장 크게 나타나고 있나요?"라는 닫힌 질문을 통해

보다 구체적인 정보를 얻을 수 있습니다.

미팅 중 자연스러운 질문 흐름을 유지하는 것도 중요합니다. 미팅은 질문-답변 형식의 기계적인 대화가 아니라, 자연스럽게 이어지는 흐름이 중요합니다. 준비한 질문을 순서대로 던지기보다 고객의 답변에 따라 유연하게 순서를 바꿔가며 대화를 이끌어가야 합니다. 답변 중에 예상치 못한 문제를 언급한다면 그 문제에 대한 추가 질문을 던지며 대화를 확장하는 것이 바람직합니다.

고객과 눈을 맞추고 고개를 끄덕이거나 미소를 짓는 등 비언어적인 신호를 통해 경청하고 있다는 메시지를 전달하는 것이 중요합니다. 이러한 자연스러운 흐름 속에서 고객은 자신이 존중받고 있다는 느낌을 받습니다.

질문을 던질 적절한 타이밍을 잡는 것도 매우 중요합니다. 고객이 말하는 도중에 끼어 들어서는 안 되며, 고객이 말을 마무리한 다음 적절한 순간을 포착해 질문을 던져야 합니다. 고객이 주제에 대한 설명을 끝내면 "그럼 이 문제는 어떤 방식으로 해결해 나가고자 하시나요?" 같은 추가 질문을 통해 대화를 자연스럽게 이어갈 수 있습니다. 중요한 것은 대화의 흐름을 깨지 않으면서도 고객이 편안하게 자신의 이야기를 할 수 있도록 배려하는 것입니다.

경청은 질문을 이어가는 데 필수입니다. 고객의 답변을 주의 깊게 경청하는 것은 단순한 듣기의 차원을 넘어, 대화를 심화시키는 중요한 기술입니다. 고객이 말하는 내용을 요약하거나 공감의 표현을 통해 대화를 더 깊이 이끌어갈 수 있습니다. 고객이 "우리 회사는 인력 문제가 가장 큰 과제입니다"라고 말했다면 "그렇군요. 현재 인력 문제가 가장 큰 도전이라는 말씀이시죠?"하며 요약해 물어보는 방식으로 대화를 확장할 수 있습니다. 고객의 말을 단순히 듣는 것만이 아니라, 피드백을 제공함으로써 고객이 자신의 말이 제대로 전달되고 있다고 느끼게 해야 합니다.

대화는 문제 해결로 마무리하는 것이 중요합니다. 미팅이 끝날 즈음에는 고객의 문제를 충분히 파악하고 적절한 해결책을 제안하는 것이 좋습니다. 질문과 대화를 통해 얻은 정보를 바탕으로 고객에게 필요한 해결책을 구체적으로 제안하는 것이 성공적인 미팅의 마무리가 됩니다. "말씀하신 부분을 바탕으로 몇 가지 해결 방안을 드릴 수 있습니다"라며 대화의 흐름을 문제 해결로 연결하는 것입니다. 고객의 문제에 실질적인 해결책을 제안하는 방식으로 대화를 마무리하면, 고객과의 관계는 더욱 견고해집니다.

첫 번째 미팅에서 중요한 것은 완벽한 질문을 던지는 것이 아니라 고객과의 신뢰를 쌓고 고객의 문제를 깊이 이해하는 데 있습니다. 5~7개정도의 준비된 질문을 통해 고객이 자신을 믿고 대화에 마음을 열어주는 그 작은 순간이 큰 성과의 시작입니다.

고객의 답변을 경청하고, 열린 질문과 닫힌 질문을 적절히 조합하여 고객의 진짜 니즈를 파악하는 능력을 길러야 합니다. 질문을 잘 던지는 연습을 하다 보면 자연스럽게 더 깊은 대화를 나누고, 고객이 진정으로 원하는 것을 파악할 수 있을 것입니다. 꾸준히 준비하고 경청하며 대화를 이어가다 보면, 여러분도 어느새 고객에게 신뢰받는 파트너로 성장해 있을 겁니다.

`TIPS` 첫 미팅에서 효과적인 질문 준비법 5가지

★ 사전조사 : 고객의 비즈니스와 최근 이슈 파악
★ 핵심 질문 준비 : 5~7개의 열린 질문과 닫힌 질문
★ 경청과 요약 : 고객 답변 주의 깊게 듣고 요약하여 공감 표현
★ 추가 질문 활용 : 고객 답변에 따라 추가적인 질문을 던져 대화 심화시킴
★ 문제 해결로 마무리 : 문제파악 후 구체적인 해결책 제안하며 대화 마무리

04
질문 능력
향상

04

04
질문 능력
향상

"질문하는 능력을 향상시키려면 어떻게 해야 할까요?" (33세, 영업 3년차)

철학자 볼테르는 말하길, '사람을 판단하려면 그의 대답이 아니라 질문을 보라'고 했습니다. 영업의 세계에서도 마찬가지입니다. 영업에서 고객과의 대화란 단순한 정보 교환을 넘어 신뢰를 쌓고 관계를 구축하는 과정이기 때문입니다.

영업인의 가장 중요한 도구 중 하나가 바로 '질문'입니다. 하지만 영업을 처음 시작한 초보자가 적절한 질문을 한다는 건 쉽지 않은 과제입니다. 당연히 미팅 자리에서 무슨 질문을 해야 할지 막막하고, 어떤 질문이 적절할지 고민하는 순간이 많이 찾아올 것입니다.

고객과의 만남은 정보를 수집하는 것만 아니라, 고객의 진정한 니즈를 파악하고 문제해결능력을 키우는 과정과도 같습니다. 그래서 영업 초보자에게 '어떻게 더 나은 질문을 할 수 있을까?' 하는 고민은 필수적입니다. 질문을 통해 고객의 문제를 제대로 파악할 수 없다면 영업의 목표 달성도 어려워지기 때문입니다.

질문을 잘한다는 것은 곧 고객의 마음을 읽는 것과 같습니다. 하지만 고객의 마음을 읽는 질문 능력을 갖추기까지는 시간과 노력이 필요합니다.

질문이 어려운 이유와 해결법

질문이 어려운 이유는 다양합니다. 먼저 정보 부족으로 인한 불확실성이 있습니다. 고객의 비즈니스나 산업에 대한 사전 지식이 부족하면 적절한 질문을 던지기가 어렵습니다. 따라서 미팅 전에 철저한 사전 조사를 통해 고객의 산업, 시장 동향, 경쟁사 상황 등을 분석해야 합니다.

타이밍 조절도 쉬운 일이 아닙니다. 질문을 던질 적절한 타이밍을 찾는 것은 영업 초보자에게 큰 도전이 될 수 있습니다. 고객의 말을 주의 깊게 듣고, 대화의 흐름을 읽은 후 자연스럽게 질문을 던지는 연습이 필요합니다.

질문의 깊이(난이도) 조절도 중요한 과제입니다. 질문이 너무 얕거나 반대로 너무 깊으면 고객이 당황하거나 부담을 느낄 수 있습니다. 고객의 답변에 맞춰 질문의 깊이를 조정해야 합니다. 처음에는 열린 질문으로 시작해 고객의 생각을 드러내게 하고, 답변을 바탕으로 점차 깊은 질문을 던지는 방식이 효과적입니다.

경청 부족으로 인한 혼란도 질문을 어렵게 만드는 요인 중 하나입니다. 질문을 던지기 전에 고객의 말을 제대로 경청하지 않으면, 대화의 흐름을 놓치고 혼란에 빠질 수 있습니다. 이를 극복하기 위해서는 고객의 말을 주의 깊게 듣고, 그들이 말하는 내용을 요약하며, 그들의 니즈를 명확히 파악한 후 질문을 던져야 합니다.

유도성 질문의 부적절성도 주의해야 할 점입니다. 유도성 질문이 과하면 고객은 부담을 느끼고 자신만의 답변을 하지 못할 수 있습니다. 이를 피하기 위해서는 열린 질문을 통해 고객이 자유롭게 자신의 생각을 표현할 수 있도록 유도해야 합니다.

질문에 대한 자신감 부족도 큰 장애물이 될 수 있습니다. 질문을 던질 때 자신감이 부족하면, 고객에게 제대로 질문을 전달하지 못하고, 질문의 효과를 반감시킬 수 있습니다. 이를 극복하기 위해서는 자신감을 가지고 질문을 통해 고객의 문제를 해결하는 데 초점을 맞추어야 합니다.

고객의 반응을 예측하기 어려운 점도 질문을 어렵게 만드는 요인입니다. 고객이 질문에 어떻게 반응할지 예측하기 어렵다면, 대화가 예상대로 흘러가지 않을 수 있습니다. 이를 해결하기 위해서는 고객의 반응을 주의 깊게 관찰하고, 그에 맞게 질문을 조정하는 능력을 길러야 합니다.

마지막으로, 상황에 맞는 적절한 질문을 찾는 것도 어려운 과제입니다. 적절한 질문을 하지 못하면 고객과의 대화에서 중요한 정보를 놓칠 수 있습니다. 이를 극복하기 위해서는 고객의 상황을 사전에 파악하고, 미팅 중 예상치 못한 상황이 발생하더라도 질문을 유연하게 조정하는 능력을 길러야 합니다.

질문 능력을 향상시키기 위해서는 꾸준한 연습과 학습이 필요합니다. 사전조사와 준비, 열린 질문과 닫힌 질문의 조화, 질문과 경청의 균형, 피드백을 통한 질문 개선, 상황에 맞는 질문의 유연성 등을 키워나가는 것이 중요합니다.

질문은 단순히 정보를 얻기 위한 수단이 아닌, 고객과의 신뢰를 형성하고 문제를 해결하는 중요한 기술입니다. 꾸준한 연습과 학습을 통해 질문 능력을 향상시키면, 고객과의 대화에서 더 깊이 있는 논의를 이끌어낼 수 있습니다. 질문은 단순히 '물어보는' 것이 아니라, 고객의 진짜 니즈를 발견하고, 그들의 문제를 해결하는 강력한 도구입니다.

영업에서의 질문 능력은 고객과의 신뢰를 쌓고, 성공적인 영업 성과를 이끌어내기 위한 가장 강력한 도구 중 하나입니다. 초보자에게는 어렵게 느껴질 수 있지만, 꾸준한 연습과 경험을 통해 극복할 수 있습니다. 질문 능력을 향상시키는 것은 단순히 영업의 성과를 올리는 것에 그치지 않습니다. 그것은 고객과의 신뢰 관계를 형성하고, 고객이 가진 문제를 더 깊이 이해하는 기회를 제공합니다.

질문을 잘하는 능력은 한 번에 길러지는 것이 아닙니다. 꾸준한 연습과 피드백, 그리고 다양한 상황에서의 경험을 통해 점차적으로 향상됩니다. 실수를 두려워하지 말고, 매 미팅마다 새로운 질문을 던지며 자신의 질문 능력을 키워나가세요. 여러분의 질문이 고객과의 신뢰를 다지고, 영업의 성공을 이끄는 핵심 열쇠가 될 것입니다. 시간이 지남에 따라 질문하는 능력이 향상될 것이며, 이를 통해 고객과의 관계는 더욱 견고해지고, 영업의 성공 가능성도 크게 높아질 것입니다.

05
고객의 말을
잘 이해하지
못할 때

"고객의 말을 잘 이해하지 못할 때 어떻게 대처해야 할까요?" (26세, 영업 2년차)

영업인이라면 현장에서 갑자기 고객이 하는 말이 마치 외계어처럼 들리고, 무슨 말을 하는지 전혀 감을 잡을 수 없었던 순간이 있습니다. "내가 정말 이 일을 할 수 있을까?" 하는 의문이 들만큼 좌절하기도 하고요. 저도 그랬습니다. 심지어 한 번은 너무 당황한 나머지 "죄송합니다. 말씀하신 내용을 메일로 보내주시면 다시 확인해보겠습니다."하고 얼버무린 적도 있었습니다. 그런데 말이에요. 이런 경험이 꼭 나쁜 것만은 아니랍니다. 물론 옆에서 베테랑 선배가 술술 대화를 이어가는 모습을 보면 좌절감이 밀려올 수도 있습니다. 하지만 잊지 마세요. 우리에겐 우리만의 무기가 있답니다. 바로 성실함과 진정성이에요.

때로는 고객들도 우리의 이런 모습을 더 좋아하실 수 있어요. 솔직하게 "잘 모르겠습니다."라고 말하고, 열심히 배우려는 자세를 보이는 것. 이게 바로 우리의 강점이 될 수 있답니다. 그러니 너무 걱정 마세요. 고객의 말씀을 100% 이해하지 못했다고 해서 영업을 실패한 게 아닙니다. 중요한 건 우리의 태도입니다. 당황하지 않고, 솔직하게 대응하며, 더 나은 해결책을 찾으려 노력하는 자세, 이것이 바로 영업의 시작이자 끝이랍니다.

이제부터 어떻게 대처하고 고객과의 관계를 발전시켜 나갈 수 있는지, 구체적인 방법들을 알아보겠습니다.

고객의 말을 이해하지 못했을 때

영업의 세계에서 솔직함은 언제나 최고의 선택입니다. 고객의 말을 이해하지 못했다고요? 괜찮습니다. 오히려 당당하게 인정하는 게 최고의 전략이 될 수 있답니다.

"죄송합니다, 고객님. 방금 말씀하신 부분을 완전히 이해하지 못했습니다. 혹시 조금 더 자세히 설명해주실 수 있을까요?"

만약 고객이 이 말을 들으면 어떤 일이 일어날까요? 놀랍게도 대부분의 고객들은 기꺼이 다시 설명해 주실 겁니다. 오히려 여러분의 솔직함에 호감을 느낄 수도 있습니다. 솔직한 태도는 한 순간을 모면하는 것이 아니라 장기적으로 고객과의 신뢰를 쌓는 데 크게 기여합니다.

여러분, 기억하세요. 완벽한 척하는 것보다 솔직하게 대응하는 것이 훨씬 더 가치 있답니다. 솔직한 태도는 여러분을 더욱 인간적이고 신뢰할 수 있는 사람으로 만들어줄 겁니다.

솔직하게 이해하지 못했다고 말했다면 이제 무엇을 해야 할까요? 바로 호기심 가득한 탐정이 되어볼 시간입니다. 고객의 말씀이 명확하지 않다면, 구체적인 질문을 통해 내용을 파악하려고 노력해야 합니다.

"고객님, 말씀하신 문제의 원인이 A 때문인가요, 아니면 B 때문인가요?", "혹시 이 부분에 대해 구체적인 예시를 들어주실 수 있을까요?", "제가 이해한 게 맞다면 [내용 요약] 의미인가요?"

우리의 기억력은 완벽하지 않습니다. 긴장 상황에서는 더 그렇고요. 그래서 대화를 하면서 중요한 부분을 메모하고, 고객의 말을 요약해보는 습관이 정말 중요합니다. 메모를 할 때는 키워드 중심으로 간단하게 적어보세요. 그리고 대화가 일단락되면 다음과 같이 말해보세요.

"제가 이해한 바로는 고객님께서 [내용 요약] 이렇게 말씀하신 것 같습니다. 제가 놓친 부분이 있다면 말씀해 주세요."

이러면 여러분이 얼마나 주의 깊게 듣고 있었는지 보여줄 수 있습니다. 혹시 오해한 부분이 있다면 바로 수정할 수 있는 기회를 얻을 수도 있고요. 메모는 나중에 보고서를 작성하거나 후속조치를 취할 때도 아주 유용하답니다. 여러분의 메모가 나중에 황금 같은 자료가 될 수 있습니다.

때로는 말로 설명하는 것만으로는 부족할 때가 있습니다. 이때 우리가 할 수 있는 가장 좋은 방법은 무엇일까요? 바로 시각 자료를 요청하는 겁니다.

"고객님, 혹시 이와 관련된 도표나 그림 자료가 있으신가요? 아니면 구체적인 사례를 들어주실 수 있을까요? 제가 더 정확하게 이해하는 데 큰 도움이 될 것 같습니다."

시각 자료는 복잡한 개념을 단순화하고 추상적인 아이디어를 구체화하는 데 큰 도움이 됩니다. 때로는 한 장의 그림이 천 마디 말보다 더 강력할 수 있어요. 그러니 주저하지 말고 요청해보세요!

영업은 결코 혼자 하는 일이 아닙니다. 우리에겐 든든한 동료들과 경험 많은 상사들이 있잖아요? 때로는 이들의 도움을 받는 것도 좋은 방법이 될 수 있습니다.

"고객님, 이 부분은 저희 팀의 전문가가 더 자세히 설명드릴 수 있을 것 같습니다. 다음 미팅에 그 분을 모시고 오면 어떨까요? 더 깊이 있는 논의가 가능할 것 같습니다."

물론 사전에 동료나 상사와 충분한 상의를 해야 합니다. 하지만 때로는 당장 그 자리에서 모든 것을 해결할 수 없을 때가 있습니다. 이때 바로 추가 미팅을 제안하는 겁니다.

"고객님, 말씀해 주신 내용이 정말 중요하고 복잡한 것 같습니다. 제가 이 내용을 바탕으로 조금 더 조사하고 분석한 뒤에 다음 미팅에서 구체적인 해결책을 제시해 드리면 어떨까요? 그때 더 깊이 있는 논의가 가능할 것 같습니다."

이러면 여러분은 충분한 준비 시간을 가질 수 있고, 고객도 더 나은 서비스를 기대할 수 있어요. 또한 여러분이 얼마나 진지하게 고객의 요구를 받아들이고 있는지 보여주는 좋은 방법이기도 합니다.

추가 미팅을 제안할 때는 구체적인 일정과 준비할 내용을 함께 제시하는 것이 좋습니다. 고객에게 더 신뢰감을 줄 수 있습니다.

마지막으로 가장 중요한 것은 끊임없이 학습하는 자세입니다. 고객의 말을 이해하지 못하는 상황이 반복된다면, 그것은 여러분의 직무나 관련된 업계 지식이 부족하다는 신호일 수 있습니다.

매일 조금씩 시간을 내어 업계 뉴스를 읽고, 관련 서적을 공부하세요. 동료들과 정기적으로 정보를 교환하는 것도 좋은 방법입니다. 이런 노력들이 쌓이면, 어느새 여러분도 고객의 말을 술술 이해하는 베테랑 영업사원이 되어 있을 겁니다.

영업은 단순히 물건을 파는 게 아닙니다. 고객의 니즈를 정확히 이해하고, 그에 맞는 최적의 솔루션을 제공하는 일입니다. 그러니 지금 당장 모든 것을 알지 못해도 괜찮습니다. 중요한 건 끊임없이 배우려는 자세랍니다.

결론적으로 고객의 말을 이해하지 못하는 순간은 위기가 아닌 기회가 될 수 있습니다. 솔직하게 인정하고, 적극적으로 질문하며, 메모와 요약을 활용하고, 필요하다면 동료의 도움을 받거나 추가 미팅을 제안하십시오. 그리고 무엇보다, 끊임없이 학습하는 자세를 잃지 마세요.

여러분은 이미 충분히 잘하고 있습니다. 이 과정을 통해 더 성장할 수 있다는 것을 믿길 바랍니다.

TIPS 고객의 말을 이해하지 못했을 때 대처방법 6가지

★ 솔직하게 인정하기
★ 적극적인 질문하기
★ 메모와 요약하기
★ 다른 자료나 예시 요청하기
★ 동료나 상사의 도움 요청
★ 추가 미팅 제안

★ 경험 탐색

폐쇄형: "혹시 저희 제품을 이전에 사용해 보신 적이 있으신가요?"

개방형: "저희 제품에 대해 어떤 인상을 가지고 계신지 궁금합니다."

★ 니즈 파악

폐쇄형: "현재 사용 중인 솔루션에 만족하고 계신가요?"

개방형: "지금 사용 중인 솔루션의 장단점에 대해 어떻게 생각하시나요?"

★ 일정과 계획 파악

폐쇄형: "올해 안에 새로운 솔루션 도입을 고려하고 계신가요?"

개방형: "앞으로의 비즈니스 계획에 대해 말씀해 주실 수 있을까요?"

★ 우선 순위 파악

폐쇄형: "비용 절감이 가장 중요한 고려사항인가요?"

개방형: "새로운 솔루션을 선택하실 때 어떤 점들을 중요하게 생각하시나요?"

★ 제품 소개

폐쇄형: "제품 데모를 보여드리면 도움이 될까요?"

개방형: "저희 제품에 대해 어떤 점이 가장 궁금하신가요?"

06
첫 만남과
후속조치

"고객과의 첫 만남 이후 어떻게 후속조치를 이어가야 해야 할까요?"

(24세, 영업 2년차)

고객과 첫 만남을 무사히 마쳤을 때 가슴 속 깊은 곳에서 안도감이 밀려오는 동시에 "이제 뭘 해야 하지?"라는 또 다른 고민이 밀려올 수 있습니다. 미팅 자체도 큰 도전이지만 이제 후속조치를 해야 합니다. 저도 경력 초반에 고객을 만나고 기분이 좋아졌다가, 미팅 후에 어떤 행동을 취해야 할지 몰라 당황스러웠던 기억이 납니다.

영업에서 첫 만남은 시작에 불과합니다. 적절한 후속조치로 고객과의 관계를 더욱 단단하게 만들어야 합니다. 고객이 영업사원을 얼마나 신뢰할지, 이 관계가 얼마나 지속될지는 바로 미팅 후의 행동에 달려 있습니다. 후속조치를 소홀히 하면 고객이 "이 사람은 그저 말뿐인 사람이구나"하는 인식을 가질 수 있습니다. 반대로 작은 약속 하나라도 성실히 지키고 빠르게 대응하는 모습을 보이면, 고객은 당신을 믿고 더 큰 기회를 열어줄 것입니다.

영업 초보라면 미팅 후에도 해야 할 일이 많다는 사실이 부담스럽게 느껴질 수 있습니다. 하지만 걱정하지 마세요. 후속조치는 복잡하거나 어렵지 않습니다. 오히려 신뢰를 쌓을 수 있는 황금 같은 기회입니다. 작게는 미팅 내용을 요약해 메일을 보내는 것부터, 고객이 요청한 정보를 신속하게 제공하는 것까지, 작은 행동들이 모여 큰 신뢰로 이어집니다. 이 글에서는 후속조치의 중요성과, 영업 초보가 실천할 수 있는 간단하면서도 효과적인 방법들을 안내해 드리겠습니다.

신뢰를 쌓기 위한 첫걸음은 미팅 후 바로 시작됩니다. 후속조치를 통해 고객에게 당신의 진정성과 능력을 보여주며, 고객과의 관계를 더 깊고 의미 있게 만들어 가는 방법을 하나씩 배워봅시다.

고객과의 첫 미팅 후 후속조치는 단순히 미팅의 마무리가 아니라, 영업 성공을 위한 필수 단계입니다. 후속조치를 통해 고객은 영업사원이 얼마나 진지하게 자신을 대하는지, 그리고 그들의 문제를 신속하게 해결할 수 있는지를 평가하게 됩니다. 이 과정은 고객에게 영업사원이 얼마나 철저하게 준비했는지를 확인할 수 있는 기회를 제공하며, 고객과의 신뢰를 지속적으로 쌓아가는 중요한 단계입니다. 후속조치가 잘 이루어지지 않으면, 미팅에서 쌓은 신뢰가 무너질 수 있고, 반대로 제대로 된 후속조치는 영업 기회를 확장하고 고객과의 관계를 한층 더 강화할 수 있는 계기가 될 수 있습니다.

후속조치는 단순히 '필요할 때 하는 것'이 아니라, 적극적으로 고객에게 가치를 제공하는 행동입니다. 예를 들어, 고객이 미팅 중에 궁금해했던 내용이나 추가로 요청했던 자료를 제공할 때, 신속하고 철저하게 대응하면 고객은 영업사원이 자신들의 요구를 진지하게 받아들였다고 느낍니다. 이는 고객의 기대를 충족시키거나 그 이상을 제공할 수 있는 기회가 됩니다. 특히 B2B 영업에서는 장기적인 관계 구축이 중요한 만큼, 후속조치를 통해 고객이 영업사원을 더 신뢰하게 되며, 이를 통해 추가적인 영업 기회를 창출할 수 있습니다.

효과적인 후속조치 4가지 방법

그렇다면 어떻게 효과적인 후속조치를 할 수 있을까요? 첫 번째는 신속한 대응입니다. 고객이 요청한 자료나 정보는 가능하면 빠르게 전달해야 합니다. 시간에 민감한 고객들은 기다림을 싫어하기 때문에 후속조치를 미루거나 지연시키는 것은 고객의 신뢰를 떨어뜨릴 수 있습니다. 미팅 후 바로 후속조치 계획을 세우고, 정해진 기한 내에 고객에게 필요한 정보를 전달하는 것이 중요합니다. 고객이 단순히 요청한 자료를 넘어서, 미팅 중 언급되지 않았던 추가적인 정보를 제공하거나, 고객이 관심을 가질 만한 다른 사례나 솔루션을 함께 제안하는 것도 좋은 방법입니다.

두 번째는 맞춤형 후속조치입니다. 모든 고객이 동일한 요구를 가지고 있는 것은 아닙니다. 고객이 특정 문제에 대해 고민하고 있다면 해당 문제를 해결할 수 있는 구체적인 방안이나 솔루션을 제시하는 것이 후속조치의 핵심입니다. 맞춤형 후속조치를 제공함으로써, 고객은 자신의 문제를 깊이 이해하고 해결하려는 영업사원의 노력을 높이

평가하게 됩니다.

　세 번째는 고객의 요구를 명확하게 이해하는 것입니다. 미팅 중에 고객이 언급한 내용을 단순히 듣는 것이 아니라, 그들이 진정으로 원하는 바를 정확하게 파악해야 합니다. 이를 위해 후속조치를 진행하기 전, 고객의 요구사항을 명확하게 정리하고 우선순위를 매겨야 합니다. 예를 들어, 고객이 여러 가지 이슈를 한꺼번에 제기했다면, 가장 중요한 문제부터 해결하려는 노력이 필요합니다. 이렇게 고객의 니즈를 정확히 파악하고, 우선순위에 따라 대응하는 것이 신뢰를 쌓는 데 중요한 역할을 합니다.

　네 번째로, 정기적인 피드백과 업데이트를 제공하는 것도 후속조치의 중요한 요소입니다. 고객과의 미팅이 끝난 후에도 진행 상황을 지속적으로 공유하는 것이 필요합니다. 예를 들어, 고객이 요청한 프로젝트나 제안이 어느 정도 진전되었는지, 예상 일정은 어떻게 되는지에 대한 업데이트를 주기적으로 제공하면, 고객은 영업사원이 지속적으로 관심을 가지고 있다는 인상을 받게 됩니다. 이러한 정기적인 소통은 고객과의 관계를 유지하는 데 큰 도움이 됩니다.

　마지막으로, 고객의 피드백을 적극적으로 반영하는 태도가 필요합니다. 후속조치 과정에서 고객이 추가적인 요구나 피드백을 제공할 경우, 이를 무시하지 않고 즉시 반영하는 것이 중요합니다. 고객은 자신의 의견이 반영되고 존중받는다는 느낌을 받을 때, 영업사원에 대한 신뢰가 더욱 깊어집니다. 따라서 고객의 피드백을 경청하고, 이를 바탕으로 후속조치를 개선해 나가는 것이 필요합니다.

　후속조치는 단순한 대응이 아닙니다. 이는 고객과의 신뢰를 강화하고 추가적인 비즈니스 기회를 창출하는 핵심 과정입니다. 영업 초보자에게는 부담스럽게 느껴질 수 있지만, 꾸준한 연습을 통해 능숙하게 수행할 수 있습니다. 철저한 후속조치는 고객에게 여러분의 진정성을 보여주며, 장기적인 파트너십을 구축하는 중요한 기회가 됩니다.

따라서 후속조치는 영업 과정에서 필수적인 단계로 인식해야 합니다. 이를 통해 고객과의 관계를 더욱 견고하게 만들 수 있기 때문입니다. 아무리 성공적인 미팅이었다 해도 후속조치가 부족하면 고객의 신뢰를 잃을 수 있습니다. 반면, 작은 노력이라도 성실하게 이어간다면 고객은 여러분의 진정성을 느낄 것입니다.

걱정하지 마세요. 작은 것부터 시작하세요. 약속한 자료를 제때 보내고, 미팅 내용을 꼼꼼히 정리해 피드백 하는 것만으로도 큰 변화를 만들 수 있습니다. 고객의 기대를 넘어서려는 자세가 신뢰의 첫걸음입니다. 매 순간 최선을 다한다면, 고객은 이를 알아보고 더 큰 기회를 줄 것입니다.

영업은 단순한 계약이 아닙니다. 지속적인 관계를 유지하고 발전시키는 일입니다. 후속조치를 통해 책임감과 성실함을 보여준다면, 여러분도 곧 신뢰받는 영업사원으로 성장할 것입니다. 신뢰는 시간이 걸리지만, 꾸준히 쌓다 보면 여러분의 가장 큰 자산이 될 것입니다. 자신감을 가지고 도전하세요. 여러분은 충분히 잘 해낼 수 있습니다!

 **미팅 후 후속조치 양식**

구분	내용
미팅날짜	
참석자	
고객 니즈 요약	
주요 이슈	
제공한 자료	
다음 단계	

07
영업 기회
만들기

"영업 기회를 만들기가 어렵습니다. 어떻게 해야 영업 기회를 잘 만들 수 있을까요?" (24세, 영업 0년차)

영업을 막 시작한 초보자라면 어떻게 영업 기회를 만들어야 할 지 굉장히 막막할 겁니다. 초보가 아니라도 새로운 고객을 발굴하고 적절한 접근 방법을 찾는 일은 매우 까다로울 수 있습니다. 영업 기회를 포착하는 것은 단순한 기술이나 공식이 아니라 경험과 감각이 함께 필요한 작업입니다.

영업 기회는 무작정 기다리는 것이 아니라 스스로 만들어가는 것입니다. 기회를 찾는 능력은 경험과 노하우가 쌓이면서 자연스럽게 올라가지만 그렇다고 초보 시절에 영업 기회를 만드는 게 불가능하다는 뜻은 아닙니다. 초보든 베테랑이든 고객과의 대화를 통해 더 깊이 있는 기회를 찾아내려는 노력과 꾸준한 접근을 이어가야 합니다.

특히 시장의 흐름을 읽고 고객의 니즈를 파악하는 능력이 필수적입니다. 영업 초보에게 막연하게 느껴질 수도 있지만 시간이 지나면서 해결되는 부분입니다. 중요한 것은 빨리 첫발을 내딛는 것이며 기회를 찾겠다는 적극적인 자세입니다. 영업에서 성공하는 사람들은 기회를 기다리기보다, 찾아내고 만들어가는 능력을 키워왔습니다.

영업 기회 발굴을 위한 구체적인 실천 전략

매출의 핵심은 고객이 여러분의 제품과 서비스를 구매하도록 만드는 것입니다. 고객은 대부분 필요에 의해 구매를 결정하지만 때로는 여러분이 그 필요성을 일깨워줘야 하는 경우도 있습니다. 따라서 영업 기회를 만들기 위해서는 고객의 필요를 미리 예측하고, 그 필요를 충족시킬 방법을 제시해야 합니다. 그렇다면 우리는 어떻게 고객의 필요를 예측하고 이해할 수 있을까요?

① 철저한 기존 사업 분석: 고객의 입찰 사이트나 최근 프로젝트 진행 상황을 살펴보며 고객의 사업 방향을 파악하는 것이 필요합니다. 여기서 목표는 연관성을 찾는 것입니다. 고객의 사업과 여러분의 상품이 어떻게 연결될 수 있는지 먼저 생각해보는 거죠. 경쟁사 제품과의 비교 분석도 잊지 마세요. 어떻게 차별화된 가치를 제안할 수 있을지 전략을 세워야 합니다.

② 동종 업계 분석: 고객과 같은 분야에서 어떤 사업들이 진행되고

있는지 파악해보세요. 회사 내 다른 영업 담당자나 조직 구성원들과 정보를 공유하는 것도 좋은 방법입니다. 언론 스크랩이나 산업 관련 뉴스, 리포트 활용 등의 방법도 있습니다. 동종 업계 동향을 파악하면 고객에게 필요한 제품과 서비스에 대한 통찰력을 얻을 수 있습니다.

③ 정부 정책 및 규제 분석: 해당 업계에 대한 정부 정책방향을 파악하고 분석해보세요. 정부의 정책과 규제는 업계 전반에 큰 영향을 미치기 때문에 고객에게 중요한 이슈가 될 수 있습니다. 온라인상에서 정책연구관리시스템(prism.go.kr)을 활용하는 방법도 좋습니다.

신규 영업 기회 발굴은 고객사에 대한 분석 하나만으로 그치지 않습니다. 과거이력, 동종 업계, 정부 정책 등 다양한 정보를 활용해 종합적으로 분석해야 합니다. 처음에는 이와 같은 분석 과정이 복잡하고 벅차게 느껴질 수도 있습니다. 처음부터 완벽하지 않아도 괜찮습니다. 중요한 건 꾸준히 노력하고 학습하는 자세입니다. 작은 성공의 경험을 하나씩 쌓으며 자신감을 얻으면 점차 더 큰 기회를 발굴할 수 있게 될 것입니다.

영업 기회를 창조하는 마인드셋

아무리 좋은 방법이라도 끈기와 노력이 없이는 결국 성과를 낼 수 없습니다. 여러분 자신을 믿으세요. 우리는 이미 첫 발을 내딛었습니다. 그 자체로 큰 용기였습니다. 지금 또 앞으로 겪게 될 모든 어려움은 여러분을 더 강하고 현명한 영업인으로 만들어줄 것입니다. 실패를 두려워하지 마세요. 각각의 실패는 성공으로 가는 징검다리입니다.

고객과의 소통을 두려워하지 마세요. 고객도 여러분과 똑같은 사람입니다. 진심을 다해 고객의 니즈를 이해하려 노력하고, 최선의 해결책을 제시하려는 모습을 보인다면 고객도 여러분의 진정성을 알아볼 것입니다.

네트워크 구축에 힘쓰세요. 동료들과 정보를 공유하고, 업계 세미나와 컨퍼런스에 참석해보세요. 여러분만의 강력한 인맥 네트워크가 생길 겁니다.

끊임없이 학습하세요. 시장은 계속 변화합니다. 새로운 트렌드와 기술에 항상 관심을 가지고 공부하세요.

열정을 잃지 마세요. 영업은 간단한 직업이 아닙니다. 고객의 문제를 해결하고, 그들의 비즈니스를 성장시키는 데 기여하는 보람찬 일입니다. 열정이 여러분을 성공으로 이끌 것입니다.

여러분의 앞날에 무한한 가능성이 펼쳐져 있습니다. 지금은 어렵고 힘들어 보일지 모르지만, 언젠가 여러분도 후배들에게 조언을 해주는 베테랑 영업인이 될 것입니다. 그 날을 꿈꾸며 오늘도 힘차게 나아가세요.

08
고객 신뢰
구축

"고객과 신뢰를 쌓는다는 건 무엇일까요? 꾸준히 고객의 신뢰를 받는 비결을 알고 싶습니다." (30세, 영업 2년차)

영업에서 약속 지키기는 고객의 신뢰를 쌓는 가장 기본입니다. 고객이 신뢰하는 영업사원은 항상 정해진 약속을 지키고, 고객의 기대에 부응합니다. 약속을 지키는 것은 정해진 시간에 맞춰 미팅에 참석하는 것만 의미하지 않습니다. 고객이 요청한 자료나 정보를 얼마나 신속하게 전달하느냐도 매우 중요합니다. 특히 고객이 정보를 요청할 때 간단한 정보라도 고객의 시급성을 확인하고 시기적절하게 응대하는 것이 신뢰를 쌓는 중요한 포인트입니다. 말하자면 고객이 상품의 사양에 대해 질문했을 때 기술 자료만 제공하는 것으로 끝내지 않는 것이 여기서 제가 강조하는 포인트입니다.

고객이 왜 그 정보를 요청했는지, 어떤 부분을 해결하고 싶어하는지 물어보는 태도가 필요합니다. 고객이 사소한 문의를 할 때도 성실하게 대처하고 적절한 시기에 필요한 정보를 제공하면 신뢰가 쌓이기 시작합니다. 먼저 약속을 이행하고, 고객의 니즈에 최선을 다해 대응하는 것은 영업 초보일 때부터 실천해야 할 중요한 자세입니다.

고객의 니즈에 집중하기

신뢰는 빠르게 쌓이지 않지만, 지속적으로 쌓아가는 것이 중요합니다. 고객과의 신뢰는 한두 번의 만남으로 쌓이지 않습니다. 중요한 것은 지속적인 노력입니다. 처음 만난 고객에게 당장 신뢰를 얻는 건 힘들지만, 한 번 신뢰를 쌓으면 시간이 지나도 쉽게 깨지지 않습니다. 장기적인 관계를 유지하면서 수주 기회를 만들 수 있는 것이 바로 신뢰의 힘입니다.

장기적인 관계 구축을 위해서는 고객의 비즈니스 주기를 이해하는 것도 중요합니다. 고객사의 예산 책정 시기, 주요 의사결정 시기 등을 파악하고 그에 맞춰 접근하는 것이 효과적입니다. 또한, 고객사의 성장과 함께하는 자세도 필요합니다. 고객사가 새로운 시장에 진출하거나 새로운 제품을 출시할 때, 그들의 성공을 진심으로 응원하고 도움이 될 만한 정보나 자원을 제공하는 것도 좋은 방법입니다.

저 역시 과거 고객과의 신뢰를 바탕으로 큰 수주를 했던 경험이 있습니다. 한 고객사와의 미팅을 꾸준히 이어가며, 매번 그들에게 관련된 동종 업계의 정보를 제공하고, 우리 회사와 경쟁사의 차이점을 설명했습니다. 외근 하는 직원들에 대해 회사 내부 사이트 접속 후 보안적인 처리를 해야 하는 이슈로 고민하는 고객팀장에게 다양한 정보를 제공해 주었습니다. 고객이 직접 인터넷에서 정보를 확인할 수도 있었지만 제가 실제 사용 사례를 비롯해 실무자들이 궁금해 하는 부분을 구체적으로 설명해드렸습니다. 그리고 2년이 지났습니다. 어느 날 그 고객이 제가 제안했던 사업에 관심을 갖고 제안서를 요청한 후 곧장 수주로 이어졌습니다. 몇 년이라는 시간을 들여 꾸준히 관계를 이어가면, 고객은 결국 여러분을 신뢰하게 되고, 그 신뢰가 비즈니스 성과로 이어집니다.

이 과정에서 중요한 것은 인내심입니다. 때로는 몇 년이 걸릴 수도 있습니다. 하지만 그 기간 동안 꾸준히 가치를 제공하고 관계를 유지한다면, 그 노력은 반드시 보상받게 될 것입니다. 이는 단순히 거래를 성사시키는 것을 넘어, 고객의 신뢰받는 조언자로 자리매김하는 것을 의미합니다.

항상 고객의 니즈에 집중하세요. 영업 초보라면 제품을 소개하는 데에만 집중하기 쉽지만 고객의 문제를 이해하고 그 문제를 해결할 수 있는 해결책을 제시하는 것이 먼저입니다. 고객이 무엇을 필요로 하는지 진심으로 고민하고, 그들의 입장에서 생각하는 태도를 가지세요.

고객이 진짜 원하는 것이 무엇인지 이해하는 것은 간단하지 않습니다. 하지만 고객이 여러분을 신뢰할 수 있도록 하려면 경청하는 태도가 필요합니다. 그들이 말하는 것뿐만 아니라, 말하지 않는 부분까지도 주의 깊게 살펴보세요. '적극적 경청' 기술을 익히는 것이 도움이 됩니다. 눈을 잘 맞추고, 개방형 질문을 하고 메모도 하고 고객의 말을 다시 확인시켜 주면서 듣는 것입니다.

　제품 지식과 시장에 대한 이해도 신뢰를 쌓는 데 중요한 요소입니다. 고객은 여러분이 얼마나 제품에 대해 잘 알고 있는지, 그리고 그 제품이 자신의 비즈니스에 어떻게 적용될 수 있는지를 파악하려 합니다. 제품의 기술적 기능을 설명하는 것에 그치지 말고 그 기능이 고객의 문제를 어떻게 해결할 수 있는지를 구체적으로 설명하세요. 고객이 여러분의 제안을 듣고, 그 해결책이 자신의 문제를 해결해줄 것이라고 믿을 때 신뢰가 형성되는 것입니다.

신뢰를 쌓는다는 건 고객과 함께 한다는 것

　영업 초보자도 실천 가능한 신뢰 구축 방법을 알려드리겠습니다. 신뢰를 쌓는 것은 복잡하거나 어려운 일이 아닙니다. 영업 초보라면 작은 행동만으로도 충분히 신뢰를 쌓을 수 있습니다. 예를 들어, 고객과의 첫 만남에서 진정성 있는 태도를 보이는 것이 중요합니다. 고객의 질문에 답을 하지 못하는 상황이라면, 솔직하게 "지금 당장은 답변 드리기 어렵지만, 확인 후 빠르게 답변 드리겠습니다"라고 말하고, 그 약속을 지키는 것입니다. 이렇게 솔직한 태도와 신속한 대응은 신뢰를 얻는 강력한 도구가 됩니다.

　빠른 피드백도 신뢰를 쌓는 중요한 방법입니다. 고객이 요청한 자료나 정보는 최대한 빠르게 제공해야 하며, 고객이 전화나 이메일로 문의했을 때도 가능한 한 신속히 응대해야 합니다. 고객의 입장에서 보면, 그들이 요청한 정보를 빨리 제공받는 것이 작은 부분처럼 느껴질 수 있지만, 그것이 반복되면 여러분에 대한 신뢰가 깊어질 것입니다.

더불어, 고객과의 모든 접점을 중요하게 여기세요. 이메일을 보낼 때도 정중하고 전문적인 어조를 유지하고, 오타나 문법 오류가 없도록 주의를 기울이세요. 전화 통화 시에도 밝고 에너지 넘치는 목소리로 응대하는 것이 좋습니다. 이러한 작은 디테일들이 모여 전문가로서의 이미지를 만들어갑니다.

마지막으로 작은 성공 경험을 쌓아가는 것도 신뢰 구축의 중요한 요소입니다. 처음에는 큰 성과를 내는 것보다, 고객이 여러분을 신뢰할 수 있는 작은 성공들을 반복적으로 여러 번 보여주는 것이 필요합니다. 처음에는 작은 주문이나 프로젝트부터 시작하여 하나씩 완벽하게 수행하는 것에 집중하세요. 작은 성공들이 쌓이면서 고객은 점차 여러분에게 더 큰 책임을 맡기게 될 것입니다. 이 과정에서 항상 고객의 피드백을 주의 깊게 듣고, 개선이 필요한 부분은 즉시 수정하려는 자세를 보이는 것도 중요합니다.

신뢰는 영업의 가장 강력한 자산입니다. 고객과의 관계를 시작할 때 신뢰가 쌓이지 않으면 그 어떤 전략도 빛을 발하지 않습니다. 신뢰는 단순히 고객이 영업사원을 좋아하는 것을 넘어, 여러분의 제안이 그들의 문제를 해결할 수 있을 것이라는 믿음을 바탕으로 합니다. 이 믿음이 쌓일 때 비즈니스 기회는 자연스럽게 생겨납니다.

영업을 하며 마주하는 수많은 도전 속에서도 신뢰를 쌓는 과정을 즐기세요. 그 신뢰가 기반이 되어 여러분은 단순한 영업사원이 아닌, 고객의 진정한 비즈니스 파트너로 자리매김하게 될 것입니다.

3부

언어와 _____ 비언어 모두
능숙 _____ 하게 활용하세요

많은 초보자들이 커뮤니케이션을 단순한 설명 도구로만 여겨 진정으로 고객의 마음을 읽고 그들과 소통하는 법을 간과하는 경향이 있습니다. 하지만 고객은 가격만을 기준으로 선택하지 않습니다. 물론 가격은 중요하지만, 그 이상으로 신뢰할 수 있는 파트너를 찾고, 그 파트너가 문제를 해결해 줄 수 있는지를 보고자 합니다. 신뢰를 쌓는 핵심이 바로 소통입니다.

01
언어적 신호와
비언어적 신호

"고객의 언어에서 언어적 신호와 비언어적 신호란 무엇이며 어떻게 활용해야 할까요?" (34세, 영업 4년차)

고객이 사용하는 특정한 용어, 고객만의 독특한 소통 방식, 그리고 고객이 중요하게 여기는 가치관을 깊이 이해하고 그에 맞춰 대화를 이어나가는 것, 이 모든 것이 '고객의 언어'를 이해하는 것입니다. 이러한 능력은 의사소통 기술을 넘어서는 전략적 요소로, 영업 과정에서 여러 가지 중요한 이점을 제공합니다.

고객의 언어에서 얻는 통찰력

우선 고객과의 신뢰 관계를 빠르게 구축할 수 있습니다. 고객이 평소에 사용하는 용어와 표현을 활용하여 대화를 이어나가면 고객은 자신의 요구사항과 고민이 충분히 이해받고 있다고 느끼게 됩니다. 곧 고객과 판매자 사이의 거리감을 좁히고, 신뢰를 쌓는 디딤돌이 됩니다.

더불어 고객의 언어로 소통하면 메시지 전달의 효과성이 크게 향상됩니다. 고객이 익숙한 용어와 맥락을 활용하여 제품이나 서비스를 설명하면 오해의 소지가 줄어들고 정보가 더욱 명확하게 전달됩니다. 특히 복잡한 기술이나 서비스를 설명할 때 고객의 언어로 풀어서 설명하면 어려운 개념도 쉽게 이해시킬 수 있습니다.

고객의 언어에 귀 기울이는 것은 숨겨진 요구나 깊은 욕구를 파악하는 데에도 큰 도움이 됩니다. 때로는 고객 스스로도 명확히 인지하지 못하는 숨은 니즈가 있을 수 있습니다. 고객의 말 한마디에 주의를 기울이고 의미를 파악하면 고객의 잠재적 요구까지도 이해할 수 있게 됩니다. 고객 맞춤형 솔루션을 제공하는 데 있어 고객의 언어는 결정적 역할을 수행합니다.

또한 고객의 언어와 감정에 공감하며 소통하면 감정적인 연결이 형성됩니다. 감정적 연결은 거래 관계를 넘어서 고객과의 깊은 유대감을 만들어냅니다. 고객은 자신이 단순한 구매자가 아닌, 이해받고 존중받는 한 개인으로 대우받고 있다고 느낍니다. 감정적 연결은 고객이 제품이나 서비스에 대해 긍정적인 감정을 갖게 하고, 장기적으로는 고객 충성도를 높이는 데 크게 기여합니다.

고객의 언어로 소통하며 형성된 신뢰, 효과적인 정보 전달, 숨겨진 요구 파악, 그리고 감정적 연결은 모두 고객 경험의 질을 높입니다. 고객이 자신의 필요와 욕구가 충분히 반영되었다고 느낄 때, 그들은 단순히 만족하는 데 그치지 않고 재구매를 선택하게 됩니다. 뿐만 아니라 주변 사람들에게 긍정적인 경험을 공유하며, 새로운 고객을 유치하는 데에도 큰 역할을 합니다. 궁극적으로는 매출 증대로 이어질 것입니다.

따라서 '고객의 언어'를 이해하고 활용하는 능력은 단기적인 판매 성과를 넘어 장기적인 비즈니스 성공의 핵심 요소라고 할 수 있습니다. 고객의 언어를 제대로 파악하고 활용하는 능력은 고객과의 깊은 이해와 공감을 바탕으로 진정한 가치를 제공하고 지속가능한 관계를 구축하는 필수 역량입니다. 영업 전문가로 성장하고자 한다면, '고객의 언어' 이해 능력을 지속적으로 개발하고 향상시키는 것이 매우 중요합니다.

고객과의 대화에서 언어적 신호를 읽어내는 능력은 성공적인 영업의 핵심 요소 중 하나입니다. 고객이 말하는 내용을 통해 그들의 생각과 감정을 깊이 이해할 수 있으며, 이는 곧 고객의 니즈를 정확히 파악하고 적절한 솔루션을 제시하는 데 결정적인 역할을 합니다. 언어적 신호를 효과적으로 읽어내기 위해서는 세심한 주의와 분석력이 필요합니다.

언어적 신호를 활용하는 영업

우선 고객이 반복해서 사용하는 단어에 주목해야 합니다. 이는 고객의 우선순위와 관심사를 파악하는 데 중요한 단서가 됩니다. 예로 고객이 대화 중 "비용"이라는 단어를 자주 언급한다면 가격이 고객의 의사결정에 큰 영향을 미친다는 의미일 수 있습니다. 이때는 제품이나 서비스의 비용 효율성을 강조하거나 장기적인 비용 절감 효과를 설명하는 편이 더 효과적일 수 있습니다. 혹은 "품질"이라는 단어를 자주 사용한다면 고객이 제품의 내구성이나 성능을 중요하게 여긴다는 단서일 수 있습니다. 이때는 제품의 품질 보증이나 우수한 성능 테스트 결과 등을 강조하는 것이 좋습니다. 또 "시간"이라는 단어가 자주 나온다면 빠른 납기나 시간 절약 기능을 중요하게 여긴다는 신호일 수 있죠. 여러분은 신속한 배송 서비스나 시간 절약 기능을 집중적으로 소개하는 편이 효과적일 것입니다.

고객이 말하는 톤과 내용도 세심하게 분석해야 합니다. 대화 속에는 내용뿐만 아니라 말을 전달하는 방식도 중요한 단서를 담고 있습니다. 고객이 긍정적인 톤으로 구체적인 내용을 말한다면 제품이나 서비스에 관심을 가지고 있으며 긍정적인 태도를 보인다는 신호입니다. 고객의 관심사에 대한 더 자세한 정보를 제공하고 구매 결정을 독려하는 것이 좋습니다.

반면 모호하거나 부정적인 톤으로 말한다면 고객이 의구심을 갖고 있거나 불만족스러운 부분이 있다는 단서일 수 있습니다. 여러분은 고객의 우려 사항이 무엇인지 정확히 파악하고 우려를 해소할 수 있는 추가 정보나 대안을 제시하는 것이 중요합니다. 때로는 고객의 불만족스러운 점을 직접적으로 물어보고 함께 해결책을 모색하는 것도 좋은 방법입니다.

마지막으로 고객이 하는 질문의 유형과 반응을 주의 깊게 관찰해야 합니다. 고객의 질문은 관심사와 우려 사항을 직접적으로 드러내는 중요한 신호입니다. "이 제품의 장점은 무엇인가요?"와 같은 개방형 질문은 고객이 긍정적인 관심을 가지고 있음을 나타냅니다. 이때는 제품의 주요 특징과 장점을 상세히 설명하고, 고객의 입장에서 어떤 이점을 제공할 수 있는지 강조하는 게 좋습니다.

반면 "이 가격은 너무 비싼 것 아닌가요?" 같은 질문은 고객이 가격에 대해 우려하고 있다는 신호입니다. 그러면 제품의 가치를 자세히 설명하고 경쟁 제품과의 비교를 통해 가격 정당성을 입증하거나, 할부 옵션이나 할인 프로모션 등의 대안을 제시할 수 있습니다. 나아가 고객의 예산과 니즈를 더 자세히 파악해서 더 적합한 제품이나 서비스를 추천하는 것도 좋은 방법입니다.

고객의 반응도 중요한 신호입니다. 설명을 들은 후 고객이 추가 질문을 하거나 더 자세한 정보를 요청한다면 높은 관심을 나타내는 긍정적인 신호입니다. 반면 설명을 중간에 끊거나 주제를 바꾸려 한다면 관심이 낮거나 불만족스러운 점이 있다는 신호일 수 있습니다.

이러한 언어적 신호들을 종합적으로 분석하고 해석하는 능력은 지속적인 연습과 경험을 통해 향상될 수 있습니다. 각 고객과의 대화를 하나의 학습 기회로 삼고, 대화 후에는 어떤 언어적 신호들이 있었는지, 그것을 어떻게 해석하고 대응했는지 돌아보는 습관을 들이는 것이 도움이 됩니다.

또한, 동료들과의 경험 공유나 롤 플레이 연습을 통해 다양한 상황에서의 대처 능력을 키울 수 있습니다. 이러한 노력을 통해 언어적 신호를 정확히 읽어내는 능력을 갖추게 되면, 고객의 니즈를 더 정확히 파악하고, 더 효과적으로 대응할 수 있게 되어 궁극적으로는 영업성과의 향상으로 이어질 것입니다.

비언어적 신호를 활용하는 영업

영업의 세계에서 성공하기 위해서는 단순히 말을 잘하는 것 이상의 능력이 필요합니다. 고객과의 대화에서 우리는 종종 말로 표현되지 않는 중요한 메시지들을 놓치곤 합니다. 바로 고객의 표정, 자세, 그리고 작은 몸짓들이 전하는 비언어적 신호들입니다.

연구에 따르면 대면 의사소통에서 전체 메시지의 55%가 비언어적 요소를 통해 전달된다고 합니다. 즉, 고객이 말로 전하는 내용만큼 표정이나 행동이 중요한 의미를 지니고 있다는 것입니다. 성공적인 영업인은 이러한 비언어적 신호를 읽고 해석하는 능력을 갖추고 있습니다.

고객의 말뿐만 아니라 표정과 행동까지 '읽어내는' 방법을 터득한다면 여러분은 고객의 진정한 니즈와 감정을 더 정확하게 파악할 수 있을 것이고 결과적으로 더 효과적인 영업 전략을 수립할 수 있을 것입니다. 고객의 모든 신호를 놓치지 않고 포착하는 것, 이것이 바로 영업 베테랑과 초보자를 구분 짓는 주요한 역량 중 하나입니다.

비언어적 신호를 읽어내는 능력은 고객과의 상호작용에서 매우 중요한 역할을 합니다. 말로 표현되지 않는 미묘한 신호들이 때로는 고객의 진정한 감정과 의도를 더 정확하게 전달하기 때문입니다. 숙련된 영업 전문가는 이러한 비언어적 신호를 세심하게 관찰하고 해석하여 고객의 내면을 이해하고 적절하게 대응할 수 있습니다.

눈 맞춤은 비언어적 소통에서 가장 강력한 도구 중 하나입니다. 고객이 지속적으로 눈을 맞추고 있다면 대화에 대한 깊은 관심과 신뢰를 나타내는 긍정적인 신호입니다. 이때 여러분은 고객의 관심사에 대해 더 자세히 설명하고, 제품이나 서비스의 핵심 가치를 강조하는 것이 효과적일 수 있습니다. 반면 고객이 눈을 자주 피하거나 불필요하게 자주 깜빡인다면, 이는 불편함이나 관심 부족을 나타내는 신호일 수 있습니다. 이런 상황에서는 대화의 주제를 바꾸거나, 고객이 불편해하는 이유를 파악하여 해소하려는 노력이 필요할 수 있습니다.

표정은 고객의 감정 상태를 직접적으로 드러내는 중요한 비언어적 신호입니다. 미소, 찡그림, 눈썹의 움직임 등 다양한 표정 변화를 세심하게 관찰해야 합니다. 예를 들어, 자연스러운 미소는 제품이나 서비스에 대한 긍정적인 반응을 나타내며, 이는 구매 가능성이 높다는 신호로 해석될 수 있습니다. 반면, 찡그림이나 눈썹을 치켜 올리는 등의 표정은 의구심이나 불만을 나타낼 수 있습니다. 이런 경우, 고객의 우려 사항을 파악하고 이를 해소할 수 있는 추가 정보나 대안을 제시하는 것이 중요합니다.

고객의 자세 또한 많은 단서를 제공합니다. 몸을 앞으로 기울이거나 고개를 끄덕이는 것은 대화 내용에 관심과 동의를 나타내는 긍정적 신호입니다. 여러분은 현재의 대화 주제를 더 깊이 파고들어 고객의 관심사를 충족시키는 것이 좋습니다. 반대로 팔짱을 끼거나 몸을 뒤로 젖히는 자세는 방어적이거나 부정적인 태도를 나타낼 수 있습니다. 이런 상황에서는 고객이 불편해하는 이유를 파악하고 보다 편안한 분위기를 조성하여 고객의 마음을 열도록 노력해야 합니다.

손동작 역시 중요한 비언어적 신호입니다. 손을 많이 움직이거나 물건을 만지작거리는 것은 긴장감이나 불안감을 나타냅니다. 이때는 고객을 안심시키고 편안한 분위기를 조성하는 것이 중요합니다. 반면 손을 펼치거나 손바닥을 보이는 제스처는 개방성과 수용성을 나타내는 긍정적인 신호입니다. 고객이 새로운 정보나 제안을 받아들일 준비가 됐음을 의미함으로 핵심 제안을 하거나 중요한 정보를 전달하는 것이 효과적일 수 있습니다.

마지막으로 목소리의 톤과 속도 변화도 중요한 비언어적 신호입니다. 목소리가 갑자기 높아지거나 말의 속도가 빨라지는 것은 흥분이나 긴장 상태를 나타낼 수 있습니다. 고객이 특정 주제에 대해 강한 감정을 느끼고 있다는 신호일 수 있으니 먼저 이유를 파악하고 적절히 대응하는 것이 중요합니다. 반대로 목소리가 낮아지거나 말의 속도가 느려지면 이는 차분함이나 때로는 무관심을 나타낼 수 있습니다. 여러분은 고객의 관심을 다시 불러일으키는 새로운 정보나 접근 방식을 제시할 필요가 있습니다.

비언어적 신호를 정확히 읽어내는 능력은 지속적인 관찰과 경험을 통해서 향상됩니다. 고객과의 상호작용을 하나의 학습 기회로 삼고, 고객의 비언어적 신호와 그에 따른 자신의 대응을 지속적으로 분석하고 개선해 나가는 것이 필요합니다. 동료들과의 경험 공유나 전문가의 조언을 통해 고객의 비언어적 신호 이해 능력을 더 발전시킬 수 있습니다.

결론적으로 비언어적 신호를 정확히 읽고 해석하는 능력은 성공적인 영업을 위한 핵심 역량 중 하나입니다. 우리는 고객의 진정한 감정과 의도를 더 깊이 이해하고, 그에 맞는 최적의 대응을 할 수 있게 됩니다.

각각의 비언어적 신호를 해석하는 것도 중요하지만, 더욱 중요한 것은 종합적으로 분석하는 능력입니다. 예를 들어 고객이 미소를 짓고 있지만 눈을 피하고 있다면 겉으로는 긍정적인 반응을 보이지만 내심 불편함을 느끼고 있음을 의미할 수 있습니다. 글로벌한 영업환경에서는 문화적 차이도 고려해야 합니다. 어떤 문화권에서는 직접적인 눈 맞춤이 무례하게 여겨질 수 있으며, 문화마다 특정 손동작의 의미가 다를 수도 있습니다.

실전 상황에서의 실제 대응 능력은 경험을 통해 향상되지만, 많은 영업인들이 비언어적 신호를 놓치거나 잘못 해석하는 실수를 범합니다. 비언어적 신호를 읽는 5가지 전략을 소개합니다.

TIPS 고객과의 상호작용에서 비언어적 신호를 읽는 5가지 전략

전략	설명
관찰력 기르기	고객의 표정, 자세, 손동작 등의 비언어적 신호를 주의 깊게 관찰하고, 이를 해석하는 능력을 향상시킨다.
적극적인 피드백 요청	"이 부분에 대해 어떻게 생각하시는지 궁금합니다"와 같은 질문으로 고객의 의견을 명확하게 파악한다.
대화의 유연성 유지	고객의 반응에 맞춰 대화 주제나 접근 방식을 조정하고, 니즈와 감정에 맞춘 맞춤형 커뮤니케이션을 한다.
신뢰 구축에 집중	고객의 감정을 존중하고, 진정성 있는 태도와 성실한 응답을 통해 장기적인 관계를 구축한다.
지속적인 연습과 개선	다양한 상황에서의 경험을 통해 비언어적 신호 해석 능력을 연습하고, 전문가 조언과 교육 프로그램 참여를 활용한다.

5가지 전략을 활용하며 노력하면 고객의 언어적 혹은 비언어적 신호를 정확히 읽고 적절히 대응하는 능력을 키울 수 있습니다. 영업은 단순한 거래가 아닌 사람과 사람 사이의 상호작용이라는 점을 항상 기억하며, 고객의 모든 신호에 귀 기울이고 공감하는 자세를 갖추는 것이 중요합니다. 고객과의 깊은 신뢰 관계를 구축하고 장기적인 비즈니스 성공을 이끌어내는 데 크게 기여할 것입니다.

TIPS 비언어신호에 대응하는 가이드

종류	비언어적 신호	의미	대응 방법
신체자세	몸을 뒤로 젖히기	관심 부족, 불편함	고객이 불편해 하거나 관심이 없다는 신호를 보낼 때는 대화의 주제를 바꾸거나, 더 많은 질문을 통해 고객의 관심사를 파악한다. 예를 들어, "지금 말씀드린 부분에 대해 더 알고 싶으신 점이 있나요?"라고 질문할 수 있다.
	몸을 앞으로 기울이기	관심, 몰입	고객이 관심을 보인다는 신호를 보내면, 더 구체적이고 자세한 설명을 제공하며, 고객의 질문에 성실히 답변한다. 예를 들어, "이 부분이 특히 흥미로우신 것 같네요. 더 자세히 설명드릴까요?"라고 말할 수 있다.
표정	미소 짓기	긍정적 반응, 만족	고객이 미소를 보이면, 그 주제에 대해 더 깊이 파고들어 설명하고, 고객의 긍정적인 반응을 확인하는 질문을 던져보자. 예를 들어, "이 부분이 마음에 드신다면, 추가적으로 이런 점도 고려해 보실 수 있습니다."라고 말할 수 있다.
	찡그린 표정	불만족, 의심	고객이 찡그린 표정을 지으면, 그들의 불만이나 의심을 해소할 수 있도록 질문을 던지고, 명확한 정보를 제공하자. 예를 들어, "이 부분에 대해 어떤 점이 걱정되시나요?"라고 물어보자.

종류	비언어적 신호	의미	대응 방법
손동작	팔짱 끼기	방어적 태도, 불편함	고객이 방어적인 태도를 보이면, 대화를 더 편안하게 만들고 신뢰를 구축하는 데 초점을 맞추자. 예를 들어, "지금 설명드린 내용에 대해 어떤 점이 불편하게 느껴지셨나요?"라고 물어보자.
	손을 많이 움직이기	흥분, 적극적 참여	고객이 손을 많이 움직이면, 그들의 적극적인 참여를 유도하고, 더 많은 질문을 통해 대화를 이어가자. 예를 들어, "이 주제에 대해 더 자세히 알고 싶으신 점이 있으신가요?"라고 물어보자.
눈맞춤	지속적인 눈맞춤	관심, 신뢰	고객이 지속적으로 눈을 맞추면, 그들의 관심을 유지하며 더 깊이 있는 대화를 나누자. 예를 들어, "이 부분이 특히 흥미로우신 것 같네요. 추가적인 질문이 있으신가요?"라고 말할 수 있다.
	눈을 피하기	불안, 불신	고객이 눈을 피하면, 그들의 불안을 해소하기 위해 더 많은 정보를 제공하고, 신뢰를 구축하려 노력하자. 예를 들어, "혹시 더 명확하게 설명드릴 부분이 있을까요?"라고 물어보자.
목소리톤	높은 톤으로 말하기	흥분, 관심	고객이 높은 톤으로 말하면, 그들의 흥미를 유지하고 더 많은 정보를 제공하자. 예를 들어, "이 주제에 대해 더 알고 싶으신 것 같네요. 추가적인 설명을 드릴까요?"라고 말할 수 있다.
	낮은 톤으로 말하기	지루함, 무관심	고객이 낮은 톤으로 말하면, 대화의 주제를 바꾸거나, 더 많은 질문을 통해 그들의 관심사를 파악하자. 예를 들어, "이 주제 외에 더 궁금하신 점이 있을까요?"라고 물어보자.

02
고객
소통

"고객과의 소통이 중요하다는 것을 알지만 구체적으로 어떻게 소통 하는 것이 효과적일까요?" (28세, 영업 초보)

영업 초보자들이 간과하는 부분 중 하나가 바로 커뮤니케이션의 중요성입니다. 물론 아무도 소통을 무시하지는 않겠지만, 흔히 아래와 같이 생각하기도 합니다.

"어차피 제품이나 서비스가 좋으면, 또 가격경쟁력이 있다면 고객은 당연히 구매할 것이다. 소통은 제품을 뒷받침하는 요소가 아닐까?"

처음 영업을 시작했을 때 저 역시 비슷한 생각을 했습니다. 명확하게 설명만 잘하면 계약이 쉽게 이루어질 것이라고 믿었죠. 그러나 몇 차례 실패를 겪고 나서 알게 된 사실은 영업에서의 커뮤니케이션이란 말을 잘하고 정보를 제공하는 것이 전부가 아니라는 점입니다. 고객과의 대화는 그 자체가 신뢰를 형성하는 과정이며, 신뢰야말로 영업 성패의 핵심 요소입니다. 특히 처음 만나는 고객과의 대화는 향후 관계를 결정짓는 중요한 첫 단추입니다.

많은 초보자들이 커뮤니케이션을 단순한 설명 도구로만 여겨 진정으로 고객의 마음을 읽고 그들과 소통하는 법을 간과하는 경향이 있습니다. 하지만 고객은 가격만을 기준으로 선택하지 않습니다. 물론 가격은 중요하지만, 그 이상으로 신뢰할 수 있는 파트너를 찾고, 그 파트너가 문제를 해결해 줄 수 있는지를 보고자 합니다. 신뢰를 쌓는 핵심이 바로 소통입니다. 영업에서의 소통은 정보 전달 이상의 의미를 가지고 있습니다. 고객과 대화하며 그들의 진짜 문제와 필요를 이해하고, 이에 대한 해결책을 제시하는 능력은 가격경쟁력보다 더 큰 힘을 발휘할 수 있습니다.

효과적인 소통 방법 5가지

고객과의 소통에서 무엇보다 중요한 것은 진심으로 듣고 공감하는 것입니다. Carl Rogers와 Richard Farson의 연구에 따르면, 진정한 경청은 대화의 흐름을 원활하게 할 뿐만 아니라, 상대방의 감정을 이해하고 공감하는 데 큰 도움을 준다고 합니다. 영업에서는 고객이 말하는 이면에 있는 진짜 요구 사항을 파악하는 것이 성패를 좌우하는 핵심입니다.

명확하고 간결한 소통도 중요합니다. Paul Grice의 대화 협력 원리에 따르면, 상대방이 이해하기 쉬운 방식으로 불필요한 정보를 제거하고 핵심에 집중하는 것이 성공적인 대화의 중요한 요소입니다. 예를 들어, "이 제품은 귀사의 생산성을 20% 향상시킬 수 있습니다"와 같이, 고객의 관심사에 맞춘 구체적인 수치를 제공하는 것이 효과적입니다.

맞춤형 소통의 중요성도 빼놓을 수 없습니다. Michael Porter의 고객 세분화 전략에 따르면, 각 고객의 특성에 맞춘 접근이 더 높은 성과를 낸다고 합니다. 고객이 무엇을 가장 중요하게 여기는지를 파악하고, 그에 맞춘 소통을 통해 그들이 진정으로 필요로 하는 정보를 전달해야 합니다.

비언어적인 소통도 중요합니다. Albert Mehrabian의 연구에 따르면, 대면 커뮤니케이션에서 비언어적 요소가 메시지 전달에 미치는 영향은 55%에 달한다고 합니다. 고객의 표정, 자세, 몸짓을 읽어내는 능력은 영업에서 매우 중요한 기술입니다.

마지막으로, 설득 커뮤니케이션을 빼놓을 수 없습니다. Richard Petty와 John Cacioppo의 엘라보레이션 가능성 모델(ELM)에 따르면, 설득력 있는 커뮤니케이션은 감정과 논리를 결합할 때 더욱 강력한 힘을 발휘합니다. 제품의 기술적 우수성뿐만 아니라, 그 제품이 고객의 문제를 어떻게 해결할 수 있는지를 구체적으로 설명해야 합니다.

결국 영업에서 소통은 단순한 정보 전달 이상의 역할을 합니다. 가격만으로는 고객의 마음을 얻는 데 한계가 있을 수 있지만, 진정으로 그들과 소통하고 그들의 필요를 이해하며, 맞춤형 제안을 할 수 있는 능력은 진정한 차이를 만들어냅니다. 고객과의 신뢰는 단기간에 쌓을 수 없는 가치이며, 이를 얻기 위한 첫 걸음은 바로 효과적인 커뮤니케이션입니다.

초보자로서 모든 것을 완벽하게 할 필요는 없습니다. 중요한 것은 실수에서 배우고, 끊임없이 개선하려는 마음가짐입니다. 기억하세요, 영업에서 중요한 것은 단기적인 승리가 아니라 장기적인 관계입니다. 그리고 그 관계의 중심에는 항상 소통이 자리하고 있습니다. 여러분도 충분히 그 소통의 힘을 발휘할 수 있습니다. 꾸준히 노력하고, 긍정적인 태도로 고객과 마주한다면, 결국 고객의 마음을 얻는 날이 올 것입니다. 포기하지 말고, 계속해서 도전하세요. 여러분의 성장은 바로 그 순간에 시작됩니다.

03
효과적인
경청

"고객과의 미팅에서 어떻게 효과적으로 경청할 수 있을까요?"

영업 초보자에게 미팅은 단순한 정보 전달 이상의 무게를 지닙니다. 만남에서 어떻게 고객의 이야기를 듣고 반응하는지는 미팅의 성공 여부를 결정짓는 중요한 요소입니다. 하지만 처음 영업을 시작한 사람에게 고객의 이야기를 듣고 반응하는 것은 결코 쉬운 일이 아닙니다. 긴장감 속에서 모든 것을 제대로 기억하고, 적절한 타이밍에 답변을 하는 것은 매우 어려운 과제일 수 있습니다. 특히, 영업 초보자들은 고객의 말에 귀 기울이기보다는 자신이 준비한 내용을 말하려는 압박감에 사로잡힐 때가 많습니다.

그렇기에 미팅에서 경청은 필수적입니다. 단순히 고객의 말을 듣는 것이 아니라, 그 말의 진정한 의미를 파악하고 그들의 요구와 문제를 이해하는 능력이 필요합니다. 고객은 자신이 말하는 것을 단순히 들어주는 사람이 아니라, 자신을 진정으로 이해해주는 사람과 일하고 싶어하기 때문입니다.

신뢰받고 싶다면 먼저 경청하라

미팅에서 고객의 질문에 효과적으로 대처하는 데 있어 가장 중요한 것은 경청입니다. 단순히 고객이 말하는 단어를 듣는 것이 아니라, 그 말 속에 담긴 의미와 감정을 이해하고 그에 맞는 적절한 반응을 보여주는 것이 핵심입니다. 미팅에서 제대로 경청하는 것은 신뢰를 쌓고, 고객이 가진 문제를 더욱 명확하게 파악할 수 있는 기회를 제공합니다. 경청은 영업의 기본이지만, 동시에 가장 고도화된 기술 중 하나입니다.

경청에는 크게 세 가지 차원이 있습니다. 첫째는 단순히 듣는 것, 둘째는 이해하는 것, 그리고 셋째는 반응하는 것입니다. 이 세 가지는 유기적으로 연결되어 있으며, 각 차원이 모두 충족되어야 비로소 고객과의 소통이 완성됩니다. 영업 초보자들은 종종 첫 번째 차원, 즉 단순히 듣는 것에만 초점을 맞추곤 합니다. 하지만 고객의 말이 끝난 후 그들이 무엇을 진정으로 말하려고 했는지 파악하는 과정이 더 중요합니다. 듣기만 하고 충분히 이해하지 못하면, 고객의 요구나 기대를 정확히 파악하지 못하게 됩니다. 따라서 경청은 단순히 귀로 듣는 것을 넘어 마음으로 이해하고, 그에 맞춰 반응하는 기술입니다.

경청의 3가지 단계

경청은 단순히 고객의 이야기를 수동적으로 듣는 것이 아니라, 여러 단계를 통해 더욱 심도 있는 대화를 이끌어내는 과정입니다. 경청의 첫 단계는 집중적인 듣기입니다. 고객이 말하는 모든 정보를 빠짐없이 받아들이고, 중요한 키워드나 뉘앙스를 놓치지 않도록 집중하는 것이 핵심입니다. 이때 중요한 것은 시각적, 청각적 신호를 통해 고객이 충분히 존중받고 있다는 인식을 주는 것입니다. 고개를 끄덕이거나 눈을 맞추는 등의 행동은 고객이 당신을 신뢰하게 만듭니다.

다음 단계는 이해하고 분석하기입니다. 고객이 말한 내용을 단순히 받아들이는 것에서 끝나지 않고, 그 안에서 문제의 핵심을 찾아내는 것입니다. 예를 들어, 고객이 제품의 가격을 언급할 때, 그저 비용에 대한 우려로 받아들일 수 있지만, 실제로는 성능에 대한 불확실성일 수 있습니다. 이처럼 고객의 진정한 의도를 파악하는 것이 경청의 두 번째 단계입니다.

세 번째 단계는 반응하고 피드백하기입니다. 고객의 질문이나 의견에 대해 적절한 피드백을 제공하고, 그들이 말한 내용을 바탕으로 추가적인 질문을 던지며 대화를 이어가는 것입니다. 이때 중요한 것은 고객의 말에 공감하는 태도를 보여주는 것입니다. "말씀하신 부분에서 정말 중요한 포인트를 짚어주셨습니다"라든지, "고객님 상황에서 충분히 고민될 수 있는 부분입니다" 같은 피드백은 고객에게 존중받고 있다는 느낌을 줍니다.

경청의 기술

경청을 잘하기 위해서는 몇 가지 중요한 기술을 익히는 것이 필요합니다. 첫 번째는 적극적 경청입니다. 고객의 말을 들을 때 단순히 고개를 끄덕이는 것 이상으로 그들의 말에 대한 반응을 적절히 보여주는 것입니다. 고객의 말에 따라 질문을 던지거나, 중요한 부분을 메모하는 행동은 고객에게 당신이 그들의 이야기를 진지하게 듣고 있다는 신호를 보냅니다. 또한, 고객의 감정을 함께 읽어내는 것도 중요합니다. 고객이 감정적으로 어떤 상태인지 파악하고 그에 맞는 반응을 보여주면, 고객은 더 편안하게 대화를 이어갈 수 있습니다.

두 번째 기술은 적절한 질문 던지기입니다. 경청 후에는 그 내용에 맞는 질문을 통해 대화를 깊이 있게 이끌어가야 합니다. 고객의 말에 맞는 질문을 던지면 고객은 자신이 중요한 사람으로 대우받고 있다고 느낍니다. 또한, 질문을 통해 고객이 더 많은 정보를 제공할 수 있도록 유도하면, 영업사원은 그 정보를 바탕으로 더욱 적절한 제안과 솔루션을 제공할 수 있게 됩니다.

경청 후에는 반드시 고객이 제공한 정보를 바탕으로 적절한 반응을 보여주는 것이 중요합니다. 고객의 말에 맞는 해결책을 제안하거나, 그들의 니즈를 반영한 제안을 준비하는 것이 그 예입니다. 이를 통해 고객은 자신이 존중받고 있으며, 그들의 요구가 충분히 반영되고 있다는 믿음을 가지게 됩니다. 특히 영업 초보자는 이 과정에서 자신감이 부족할 수 있지만, 경청을 통해 얻은 정보를 바탕으로 차분히 대응하면 고객은 긍정적인 반응을 보일 것입니다.

경청의 또 다른 핵심은 신뢰 형성입니다. 고객이 말을 할 때, 영업사원이 진정성 있게 경청하고 적절히 반응하면 고객은 자연스럽게 신뢰를 쌓게 됩니다. 이는 단순한 대화 이상의 의미를 가지며, 장기적인 비즈니스 관계로 이어질 수 있습니다. 반대로 경청 없이 일방적으로 자신이 준비한 내용만 전달하려고 하면, 고객은 금세 흥미를 잃고, 신뢰도 하락하게 됩니다.

경청의 효과적 활용

경청의 진정한 가치는 미팅 후에도 이어집니다. 고객과의 미팅에서 경청을 통해 얻은 정보는 후속 미팅에서 더 깊이 있는 대화를 이끌어낼 수 있는 발판이 됩니다. 영업사원이 미팅 후 고객의 발언을 바탕으로 후속 질문을 던지거나 추가 제안을 할 때, 고객은 그 미팅이 일회성 만남이 아니라 지속적인 관계로 이어질 것이라는 믿음을 갖게 됩니다. 경청은 단순히 첫 미팅에서 끝나는 것이 아니라, 장기적인 비즈니스 관계를 유지하는 데 있어 중요한 도구로 작용합니다.

경청은 고객의 마음을 여는 열쇠와 같습니다. 고객이 무엇을 필요로 하고, 어떤 문제를 겪고 있는지 진정으로 이해하는 것은 경청을 통해서만 가능합니다. 그리고 그 이해가 바탕이 될 때, 비로소 고객과의 대화가 영업의 성공으로 이어질 수 있습니다. 영업 초보자일수록 경청의 중요성을 더욱 깊이 이해하고, 이를 실천에 옮기는 것이 필수적입니다.

경청은 고객과의 소통에서 가장 기본적이면서도 강력한 도구입니다. 고객의 이야기를 진심으로 듣는다는 것은 그들의 요구와 기대를 이해하고, 더 나아가 문제를 해결하는 첫걸음이 됩니다. 첫 미팅에서 경청을 잘하는 것은 그 자체로 신뢰를 얻는 방법입니다. 고객이 자신을 존중받고 있다고 느낄 때, 그들은 마음을 열고 더 많은 정보를 제공하게 되며, 이는 영업에 있어 강력한 기회로 작용합니다.

물론 처음에는 경청이 쉽지 않을 수 있습니다. 특히 영업 초보자들은 긴장 속에서 질문에 답하는 데만 급급할 때가 많습니다. 하지만 경청을 통해 고객의 진짜 니즈를 발견할 수 있을 때, 우리는 단순히 제품을 판매하는 사람에서 고객의 문제를 해결해 주는 파트너로 발전하게 됩니다. 고객의 말을 집중해서 듣고 그들이 필요로 하는 것을 정확히 파악할 때, 미팅의 성공 가능성은 훨씬 높아집니다.

경청은 꾸준한 연습과 의식적인 노력이 필요하지만, 이를 통해 고객과의 관계가 깊어지고 더 나은 성과를 낼 수 있습니다. 지금부터라도 경청을 습관화하고, 이를 통해 자신감을 쌓아 나가세요. 시간이 지날수록 고객의 신뢰는 더 단단해질 것이고, 그 결과는 당신의 영업 성과로 이어질 것입니다. 여러분도 충분히 할 수 있습니다. 고객의 목소리에 귀 기울이면서 한 걸음씩 나아가세요!

04
편안한
분위기

"미팅을 시작할 때 어떻게 하면 편안한 분위기를 만들 수 있을까요?"

(29세, 영업 2년차)

고객과의 첫 미팅은 영업 초보에게 매우 중요한 순간입니다. 영업 초보가 흔히 마주치는 어려움은 사실 미팅을 업무적 성공을 좌우하는 중요한 자리로만 인식하기 때문에 생겨납니다. 그럴수록 압박감만 더 커집니다. 긴장감을 완화하고 대화를 원활하게 이어가려면 고객과의 라포 형성이 필요합니다.

고객과의 만남에서는 고객과 감정을 맞추고 고객의 커뮤니케이션 스타일에 따라 자연스럽게 대화를 이끌어가는 것이 기본입니다. 하지만 영업 미팅 자체가 비즈니스상의 문제 해결을 위한 것이기 때문에 사람보다 사건에 더 집중하기 십상입니다.

게다가 부담감이 오히려 대화의 흐름을 자연스럽게 이어가는 데 방해가 될 수 있습니다. 고객의 반응을 즉각적으로 해석하고 적절히 대응하는 능력이 부족한 초보들은 상대방의 커뮤니케이션 스타일에 맞춰 조율하는 데 어려움을 겪습니다.

라포 형성은 감정적 연결을 통해 고객과의 신뢰를 구축하고, 그 관계를 바탕으로 대화를 더 자연스럽게 이끌어 나가는 과정입니다. 이번 글에서는 첫 미팅에서 어떻게 고객과 감정을 맞추고, 그들의 커뮤니케이션 스타일을 조율하면서 라포를 형성할 수 있는지에 대해 구체적으로 알아보겠습니다.

라포를 형성하는 6가지 방법

미팅의 첫 단계에서 가장 중요한 것은 고객의 감정을 읽고 그에 맞춰 대화를 시작하는 것입니다. 고객이 미팅 전 겪은 특정한 상황이나 감정 상태에 따라 대화의 시작도 달라져야 합니다. 고객이 피곤해 보이거나 바쁜 일정 중에 짬을 내어 미팅에 참석했다면, "오늘 정말 바쁘신 것 같아요, 시간 내주셔서 감사합니다"라는 말로 고객의 상황을 인정하고 배려하는 자세를 보이는 것이 좋습니다.

모든 고객은 각기 다른 커뮤니케이션 스타일을 가지고 있습니다. 어떤 고객은 빠르게 대화를 진행하기를 원하고, 어떤 고객은 깊이 있는 논의를 선호할 수도 있습니다. 중요한 것은 고객의 스타일을 파악하고, 그에 맞게 대화의 속도와 방향을 조절하는 것입니다. 고객이 천천히 대화를 진행하려는 스타일이라면, 서두르지 않고 시간을 충분히 주면서 그들이 원하는 만큼 말할 기회를 주어야 합니다. 반면, 고객이 빠르게 결론을 내리는 것을 선호한다면, 핵심 포인트를 명확하게 전달하고 빠르게 진행하는 것이 필요합니다.

라포를 형성하는 데 있어 중요한 요소는 바로 고객을 위한 작은 제스처입니다. 계절에 맞는 꽃 한 송이도 좋고 고객의 취향을 반영한 작은 선물을 준비하는 것은 고객에게 깊은 인상을 남길 수 있습니다. "지난 프로젝트에서 큰 성과를 거두셨다고 들었습니다. 정말 인상적이네요."와 같은 말로 고객의 성과를 축하하거나 노력을 인정하는 것도 큰 차이를 만들 수 있습니다. 일상적인 작은 배려는 고객에게 존중받는다는 느낌을 주며, 더 긍정적인 반응을 이끌어낼 수 있습니다.

미팅 중에는 사전에 준비한 질문이나 계획이 예상대로 진행되지 않을 때가 많습니다. 이때 중요한 것은 당황하지 않고 고객의 반응에 맞춰 대화의 방향을 유연하게 바꾸는 것입니다. 고객이 특정 주제에 대해 더 깊은 관심을 보일 경우, 그 주제에 대해 추가적인 질문을 던지며 대화를 자연스럽게 이어가는 것이 필요합니다. 고객이 특정한 문제를 언급했다면 "그 문제를 해결하기 위해 어떤 지원이 필요하신가요?"라는 질문으로 자연스럽게 대화를 이어가며, 고객이 더 많은 정보를 제공할 수 있도록 이끌어주는 것이 중요합니다.

라포 형성에 실패하는 경우는 종종 대화를 일방적으로 이끌거나, 고객의 반응을 충분히 고려하지 않은 채 자신의 이야기를 진행하는 경우에서 비롯됩니다. 또한, 미팅을 단순한 정보 전달의 장으로만 여기는 것도 큰 실수입니다. 고객은 자신의 의견을 존중받고, 그들의 문제를 해결할 수 있는 방향으로 대화가 이끌어지기를 원합니다. 따라서 질문을 던질 때도 고객의 답변을 경청하고, 그들의 의견을 반영하며 대화를 이어가는 것이 중요합니다.

라포 형성은 단기간에 이루어지지 않을 수 있지만, 꾸준한 연습과 경험을 통해 자연스럽게 발전할 수 있습니다. 중요한 것은 고객의 감정 상태를 잘 읽고, 그들이 편안하게 대화를 시작할 수 있도록 배려하는 것입니다. 또한, 고객의 반응에 민감하게 대응하고, 그들의 요구에 맞는 질문을 던지는 것이 필수적입니다.

고객과의 첫 미팅에서 라포를 형성하는 것은 단순한 대화 이상의 의미를 가집니다. 이는 고객과의 신뢰 관계를 시작하는 중요한 첫걸음이자, 향후 비즈니스 성공을 좌우할 수 있는 핵심 요소입니다. 미팅 초반에 고객의 감정을 읽고, 그에 맞춰 대화를 시작하는 것은 고객의 마음을 여는 중요한 방법입니다. 또한, 고객의 커뮤니케이션 스타일에 맞춰 대화 속도를 조절하고, 필요한 부분에서 유연하게 대화를 이끌어가는 능력은 라포 형성의 필수 조건입니다.

작은 제스처나 배려는 고객과의 감정적 연대를 강화시키는 데 큰 역할을 하며, 더욱 긍정적인 분위기 가운데 미팅을 진행할 수 있습니다.

목표는 분명합니다. 고객과의 만남을 너무 서두르지 않고 자연스럽게 대화를 이끌어 가며 관계를 형성하는 것입니다. 영업 초보라도 이러한 점들을 염두에 두고 꾸준히 노력한다면, 라포를 형성하는 능력은 점차 향상될 것이며, 그 결과 비즈니스 성과도 자연스럽게 따라올 것입니다.

TIPS **편안한 분위기를 위한 6가지 방법**

★ 고객과의 감정적 교감 : 자연스럽게 대화의 문을 열기

★ 커뮤니케이션 스타일 맞추기 : 고객의 대화 속도에 따라 조율하기

★ 작은 제스처의 힘 : 감동을 주는 순간 만들기

★ 유연한 대화 전개 : 고객의 반응에 맞춰 질문과 대화를 조정하기

★ 라포 형성을 방해하는 흔한 실수와 그 해결책 : 유연한 대화

★ 라포 형성의 성공을 위한 팁 : 배려하기

05
시간
관리

"영업 미팅에서 고객과 대화하다 보면 항상 시간이 부족합니다. 시간

관리를 잘하려면 어떻게 해야 하나요?" (26세, 영업 4년차)

　미팅에서 시간을 잘 관리하지 못하면, 중요한 내용이 뒤로 밀리거나 대화를 마무리하지 못한 채 시간이 끝나버리는 경우가 많습니다. 이런 상황이 자주 반복되면, 고객이 원하는 정보를 충분히 전달하지 못하고, 결과적으로 미팅의 성과가 떨어지게 되죠. 그래서 미팅 중 시간을 관리하는 능력은 영업에서 매우 중요한 기술 중 하나입니다.

　물론 영업 초보에게는 이 모든 것이 더 어려울 수 있습니다. 대화의 흐름을 주도하는 경험이 부족하고, 미팅 중 고객의 반응에 맞춰 대화를 조절하는 것이 쉽지 않기 때문입니다. 긴장감이 더해져 예상했던 것보다 말이 길어지거나 중요한 포인트를 놓치는 실수도 발생할 수

있습니다. 처음이라 실수는 당연할 수 있지만, 시간 관리는 충분히 연습하고 준비할 수 있는 영역이기도 합니다.

고객과의 첫 미팅에서 가장 중요한 것은 준비된 시간 내에 중요한 내용을 모두 다루고, 고객의 요구를 충분히 파악하는 것입니다. 하지만 계획한 대로 진행되는 미팅은 거의 없기 때문에 시간 관리를 위한 전략적인 접근이 필수적입니다.

시간관리를 위한 7가지 실전 팁

시간을 효율적으로 관리하기 위한 첫 번째 방법은 미팅 아젠다를 사전에 고객에게 공유하는 것입니다. 아젠다는 미팅의 흐름을 가이드하는 역할을 하며, 대화를 체계적으로 이끌어 가는 데 큰 도움을 줍니다. 미팅 전에 고객에게 아젠다를 공유하면, 대화 주제나 목표를 사전에 합의할 수 있습니다. 이를 통해 미팅 중 예상치 못한 주제나 고객의 돌발 질문으로 시간이 낭비되는 상황을 예방할 수 있습니다.

두 번째로 포인트별 시간 체크가 중요합니다. 미팅 중에 일정하게 시간을 체크하는 습관을 들이는 것이 좋습니다. 기술적인 도움을 받을 수 있는 방법 중 하나는, 일정한 시간이 지나면 진동 알람이나 스마트 워치를 사용해 시간을 확인하는 것입니다. 미팅 중 15분마다 알람을 설정해 현재 어느 지점에 있는지 스스로 확인하면서, 다음 주제로 자연스럽게 넘어갈 수 있도록 유도합니다.

세 번째로 핵심 메시지 전달에 집중해야 합니다. 미팅 시간은 한정되어 있기 때문에, 핵심 메시지를 짧고 명확하게 전달하는 것이 무엇보다 중요합니다. 고객에게 설명할 때는 모든 세부 사항을 다루기보다는, 고객이 반드시 알아야 할 중요한 정보에 집중해야 합니다.

네 번째는 적극적인 경청과 피드백이 필요합니다. 고객과의 미팅에서 적극적인 경청은 필수적인 요소입니다. 고객이 이야기하는 동안 그들의 요구와 관심사를 파악하는 것이 중요하죠. 하지만 경청에만 치우치면 시간이 빠르게 지나갈 수 있기 때문에, 적절한 피드백을 제공하는 것도 중요한 전략입니다.

다섯 번째 유연한 화제 전환 능력이 필요합니다. 미팅 중 고객이 중요하지 않은 주제로 길게 이야기할 때, 대화를 부드럽게 전환하는 기술이 필요합니다. 핵심 주제에서 벗어나는 대화는 시간 관리를 방해할 수 있기 때문에, 미리 준비한 주제로 자연스럽게 돌아가는 것이 중요합니다.

여섯 번째로, 사후 피드백 요청이 중요합니다. 미팅이 끝난 후에도 후속조치를 빠르게 진행하는 것이 중요합니다. 미팅 후 고객에게 간단한 피드백을 요청하는 습관을 들이세요. 이를 통해 고객의 만족도를 높이고, 다음 미팅을 준비하는 데 도움이 되는 정보를 얻을 수 있습니다.

마지막으로 자신감과 유연성의 조화가 필요합니다. 미팅 중 시간 관리를 잘하려면 자신감과 유연성이 함께 필요합니다. 자신감이 있어야 대화를 주도할 수 있고, 유연성이 있어야 예기치 않은 상황에도 대처할 수 있습니다.

첫 미팅에서 시간을 관리하는 것은 영업의 기본이면서도 가장 어려운 부분 중 하나입니다. 특히 영업 초보자라면 고객과의 대화를 어떻게 이끌어가야 할지, 시간을 어떻게 배분해야 할지 막막할 수 있습니다. 하지만 꾸준한 연습과 작은 습관들이 쌓이면 시간 관리는 자연스럽게 익히게 되는 기술입니다.

초보일 때는 실수를 두려워하지 말고, 미팅을 통해 자신감을 키우며 배워나가세요. 시간이 지나면서 여러분도 자연스럽게 시간을 관리하고, 고객과의 대화에서 더 큰 성과를 만들어낼 수 있을 것입니다. 무엇보다 중요한 것은 꾸준한 노력과 고객의 요구를 이해하려는 진심입니다. 그 마음이 시간을 효과적으로 관리하는 열쇠가 될 것입니다.

"영업 미팅에서 유머를 어떻게 효과적으로 사용하나요?" (30세, 영업 4년차)

앙리 카르티에 브레송이라는 사진작가가 있습니다. 몇 해 전, 〈결정적 순간〉이라는 그의 사진집 출간 70주년을 기념한 전시회가 열렸습니다. 당대 최고의 화가 앙리 마티스가 직접 쓰고 그려준 제목과 표지 그림으로도 유명한 그 사진집을 두고 사진 역사상 가장 위대한 산이라고 할 만큼 대단한 사진전이었습니다. 영업 미팅을 할 때도 꼭 결정적 순간이 찾아옵니다. 그리고 제 경험상 결정적 순간까지 이르기 위해서 반드시 필요한 무기가 있으니 바로 유머입니다.

영업 미팅은 단순한 정보 전달의 시간을 넘어서는 중요한 시간입니다. 상대방과의 신뢰를 쌓고 마음의 벽을 허무는 귀중한 기회이기도 합니다. 하지만 첫 만남에서는 긴장감으로 인해 자연스러운 대화가 쉽지 않은 경우가 많습니다. 미팅이 무겁고 딱딱하게 느껴질 때일수록, 대화를 풀어줄 무언가가 필요하다는 생각이 들곤 합니다. 바로 그때 유머가 큰 역할을 할 수 있습니다.

유머는 상대방을 미소 짓게 만들고, 그로 인해 생긴 여유가 대화를 한결 더 부드럽고 자연스럽게 이어지게 합니다. 영업 미팅에서 유머는 긴장을 풀어주는 가장 강력한 도구 중 하나입니다. 특히 고객과의 첫 만남에서는 낯선 분위기와 서로의 기대감이 긴장감을 높일 수 있는데, 이때 적절한 유머는 분위기를 부드럽게 만들고 상호간의 감정적 교감을 높이는 데 큰 도움을 줍니다.

유머는 서로의 경계를 허물고 라포를 형성하는 데 중요한 역할을 합니다. 잘 선택된 유머는 고객이 방어적인 태도를 풀고, 편안한 대화로 전환하게끔 돕습니다. 특히 웃음은 사람들 사이에 자연스러운 연결을 만들어주며, 상대방과의 관계를 더욱 친밀하게 발전시켜줍니다. 연구에 따르면, 미소와 웃음은 긍정적인 감정을 증폭시키고 신뢰를 쌓는 데 큰 기여를 한다고 합니다.

효과적인 유머 사용 방법 4가지

유머를 사용하는 데 있어 가장 중요한 것은 타이밍입니다. 영업 미팅은 철저하게 계획된 시간과 흐름 속에서 이루어지기 때문에, 유머를 사용할 때는 그 시기를 신중하게 선택해야 합니다. 미팅 초반, 서로가 긴장된 상태에서 부드럽게 대화를 시작하는 데 유머가 큰 역할을 할 수 있습니다. 예를 들어, 미팅을 시작하면서 가볍게 인사를 나누는 도중 고객의 이름이나 직책을 다정하게 언급하며, "이렇게 유명하신

분을 만나 뵙게 되어 긴장이 됩니다!" 같은 가벼운 유머를 사용하면 고객의 미소를 이끌어낼 수 있습니다. 그러나 중요한 비즈니스 의사 결정 순간이나 진지한 문제 해결을 논의할 때는 유머가 적절하지 않으며, 이런 상황에서는 차분하고 집중된 태도를 유지하는 것이 필요합니다.

유머는 고객에게 단순한 즐거움만 주는 것이 아닙니다. 적절한 유머는 사람 간의 거리감을 줄여주고, 영업사원을 더 인간적이고 친근하게 보이게 만듭니다. 유머를 잘 사용하면 고객은 영업사원이 단순히 제품을 팔려는 사람이 아니라, 진심으로 자신과 대화하고 관계를 맺고자 하는 사람이라는 인상을 받게 됩니다.

모든 유머가 영업에서 효과적인 것은 아닙니다. 중요한 것은 적절한 유머의 선택입니다. 미팅에서는 가볍고 따뜻한 유머가 가장 효과적입니다. 예를 들어, 상황 유머나 스토리텔링을 활용하는 유머는 고객에게 좋은 반응을 이끌어낼 수 있습니다. "전에 비슷한 상황에서 이런 일이 있었습니다"라는 식으로 실제 경험을 이야기하며 유머를 덧붙인다면 고객의 공감대를 이끌어내고 더 편안한 분위기로 대화를 이어갈 수 있습니다. 사적인 농담보다 비즈니스와 연관된 가벼운 유머가 안전하며 효과적입니다.

유머를 자연스럽게 사용하는 방법은 평소 대화 방식에서 비롯됩니다. 유머는 계획적으로가 아니라 자연스러운 대화 흐름에 맞춰서 사용해야 합니다. 미팅 중에 긍정적인 반응을 보일 때 "이렇게 좋은 반응을 오랫동안 기다렸습니다." 같은 가벼운 유머로 분위기를 바꿀 수 있습니다. 대화 중에 고객의 의견에 공감하며 자연스럽게 웃음을 이끌어내는 유머는 신뢰를 쌓는 데 매우 유용합니다.

유머를 사용할 때는 항상 상황과 대상을 고려해야 합니다. 고객의 성향과 분위기를 파악하지 않고 무턱대고 유머를 던지는 것은 오히려 신뢰를 깎아먹을 수 있습니다. 특히, 중요한 논의나 민감한 주제를 다루고 있는 순간에 유머를 던지는 것은 상황을 어색하게 만들 수 있으므로 주의가 필요합니다.

컨설팅 기업 McKinsey는 다양한 영업 기술에 대한 연구에서 유머가 대인 관계 형성에 긍정적인 영향을 미친다고 강조합니다. 이 연구에 따르면 유머는 특히 첫 번째 미팅에서 관계를 강화하고 신뢰를 형성하는 데 중요한 역할을 합니다. 또한, 심리학자 마틴 셀리그먼은 긍정 심리학 연구를 통해 "웃음은 사회적 접촉을 강화하고 스트레스를 줄이며, 관계를 지속 가능하게 만드는 중요한 요소"라고 언급했습니다. 이러한 연구들은 영업 미팅에서도 유머가 신뢰를 형성하고 긍정적인 대화를 이끄는 데 기여할 수 있음을 시사합니다.

영업 초보자의 입장에서 유머 사용은 부담스러울 수 있습니다. 하지만 유머는 대화를 부드럽게 만들고, 고객과의 대화를 시작하는 데 큰 도움이 됩니다. 처음에는 작게 시작하는 것이 좋습니다. 고객과의 첫 미팅에서 가벼운 농담이나 긍정적인 미소를 던지며 대화를 시작하는 것만으로도 분위기가 달라질 수 있습니다. 시간이 지나면서 점차 더 자연스럽고 효과적으로 유머를 사용할 수 있는 능력이 길러질 것입니다.

유머는 단순히 웃음을 주는 것 이상의 역할을 합니다. 그것은 고객과의 커뮤니케이션을 활발하게 만들고, 대화의 장벽을 낮추는 효과적인 방법입니다. 고객이 더 많은 이야기를 꺼내면, 그들의 문제를 더 잘 이해할 수 있고, 그에 맞는 솔루션을 제안하는 기회를 얻을 수 있습니다. 유머를 사용하면 고객과의 대화가 단순한 비즈니스 대화를 넘어, 인간적인 교류로 발전하게 됩니다.

물론 유머를 사용하는 데에도 적절한 타이밍과 상황이 중요합니다. 과도하거나 부적절한 유머는 오히려 고객과의 관계를 악화시킬 수 있으므로, 고객의 반응을 잘 읽고 신중하게 사용하는 것이 필요합니다. 하지만 영업 미팅 중 적절한 순간에 가벼운 유머를 더하면, 고객은 당신을 더 친근하고 신뢰할 만한 사람으로 보게 될 것입니다. 이로 인해 고객과의 관계는 더 견고해지고, 당신이 대표하는 회사에 대해서도 긍정적인 이미지를 가지게 될 것입니다.

처음에는 어려워 보일지 모르지만, 꾸준히 연습하다 보면 누구나 유머를 잘 활용할 수 있습니다. 자신을 조금 더 편안하게 두고, 고객과 즐거운 대화를 나누는 과정에서 자연스럽게 유머를 사용해보세요. 영업은 결국 사람과 사람 사이의 관계를 만드는 과정입니다. 여러분도 충분히 할 수 있습니다! 시간이 지날수록 유머는 여러분의 강력한 무기가 될 것이고, 이를 통해 고객과의 관계는 더욱 깊어질 것입니다.

TIPS 영업 미팅에서 효과적인 유머 활용팁

유머 종류	효과	주의사항	사례
자기 비하형 유머	고객과의 거리감을 좁히고 긴장을 완화	과도하면 자신감 부족으로 보일 수 있음	"오늘 아침 커피를 쏟아서 정신 이 없었지만, 미팅 준비는 완벽 합니다!" "제가 컴퓨터 앞에서는 마치 할 머니 같네요. 항상 뭘 눌러야 할 지 모르겠어요."
상황 유머	어색한 순간을 유연하게 처리하고 분위기 전환	상황에 맞춰 자연스럽게 사용해야 함	"프로젝터가 저와 잠시 대화가 안 통하는 것 같네요. 곧 해결하 겠습니다."
연관성 있는 유머	고객의 업계와 공감대 형성, 신뢰 강화	비즈니스 관련 유머만 사용, 지나치지 않게	IT 고객: "새 시스템 덕분에 일 이 너무 쉬워져서 제가 할 일이 줄어들었어요."
가벼운 칭찬 유머	고객의 성과를 존중하며 유쾌한 분위기 조성	아부처럼 들리지 않도록 주의	"이런 빠른 결정을 내리시니, 제 가 더 긴장되네요!"
관찰형 유머	미팅 현장에서 즉석으로 분위기 전환	즉흥적이지만, 너무 깊지 않게 가볍게 처리	회의실 장식을 보고: "이 그림이 오늘의 미팅 주제와 딱 맞네요."
소소한 일상 유머	공감할 수 있는 일상 에피소드로 친밀감 형성	지나치게 사적인 주제는 피할 것	"오늘 아침 지하철에서 자리를 찾다가 결국 서서 왔습니다."
공통 관심사 유머	공통된 주제로 자연스러운 대화 진행	고객의 관심사를 파악하고 적절히 활용	"골프 좋아하신다니, 지난 주말 에 제가 필드를 완전히 망쳤습 니다."
비즈니스 관련 유머	제품의 장점 강조와 함께 대화의 긴장 완화	제품 홍보를 너무 강하게 하지 않도록 주의	"우리 제품을 사용하면 회의에 서 커피 두 잔은 줄일 수 있습니 다!"

TIPS 유머 사용 시기와 효과 꿀팁

타이밍	사용 방법	효과
첫 미팅	날씨나 가벼운 일상 이야기로 시작해 분위기를 부드럽게 만드세요. "오늘 날씨 정말 좋네요. 미팅하기 딱 좋은 날씨입니다!"	고객과의 첫 인상에서 친근함을 느끼게 하며, 긴장을 풀어주어 대화를 자연스럽게 시작하게 만듭니다.
프레젠테이션 시작 시	청중의 긴장을 풀어줄 가벼운 농담을 던져 관심을 끌어보세요. "이 자료를 준비하는 동안 커피를 얼마나 마셨는지 모르겠네요!"	주의 집중을 높이고, 발표자에 대한 호감을 증가시키며 프레젠테이션을 더 긍정적으로 시작하게 합니다.
긴장 상황	협상이 어렵거나 논의가 격해질 때, 분위기를 완화하는 유머를 사용하세요. "이 부분에 대해 저희도 열띤 토론을 하고 있네요. 잠시 쉬어가면 어떨까요?"	긴장된 상황을 유머로 풀어냄으로써 대화를 더 원활하게 이어가고, 협상 분위기를 부드럽게 만듭니다.
관계 강화	고객과 개인적인 이야기를 나눌 때 가벼운 유머를 통해 관계를 강화하세요. "제가 처음 영업을 시작했을 때는 정말 어리숙했죠."	고객과의 인간적인 연결을 강화하고, 관계를 더 깊게 만들어 신뢰를 형성하는 데 도움이 됩니다.

"전화와 이메일 등 비대면으로 영업할 때는 어떤 점을 신경 써야 할 까요?" (27세, 영업 2년차)

전화 영업은 대면 미팅과는 또 다른 특성을 가지고 있어 많은 영업 초보자들에게 새로운 도전이 될 수 있습니다. 얼굴을 직접 마주하지 않고 오직 목소리만으로 고객과 소통해야 한다는 점에서 특히 어렵게 느껴질 수 있습니다. 고객의 비언어적 신호를 읽을 수 없기 때문에 상대방의 반응을 파악하고 대화를 이어가기 위해서는 목소리와 말투에 더 많은 신경을 써야 합니다. 하지만 전화 영업도 체계적인 준비와 올바른 접근 방식을 적용하면 대면 미팅 못지않은 효과를 거둘 수 있습니다.

다양한 전화영업 전략

전화 영업에서 가장 중요한 요소는 목소리와 톤입니다. 목소리는 전화상에서 유일한 소통 도구이기 때문에, 말투와 톤이 고객에게 미치는 영향은 대단히 큽니다. "안녕하세요, 바쁘신 중에 죄송합니다. OO회사의 김영업입니다."처럼 밝고 활기찬 톤으로 통화를 시작하는 것은 대화의 시작을 긍정적으로 이끌 수 있습니다. 하지만 너무 높거나 지나치게 경직된 목소리는 오히려 부정적인 인상을 남길 수 있으니 적절한 균형이 필요합니다. 고객이 피곤해하거나 바쁜 듯 보일 때는 "지금 통화하기 곤란하신가요?"라고 물어보며 간결하게 대화를 이끌어 나가는 것이 효과적이며 여유로운 분위기라면 조금 더 깊이 있는 대화를 이어가는 것이 좋습니다.

적절한 시간에 전화를 거는 것도 매우 중요합니다. 영업 성과는 타이밍에 크게 좌우됩니다. 바쁜 시간을 피하고, 고객의 업무 리듬에 맞춰 통화를 시도하는 것이 필요합니다. 예를 들어, 점심시간 직전이나 퇴근 시간에 전화를 거는 것은 고객에게 부담이 될 수 있습니다. 따라서 전화를 걸기 전에 "지금 통화 가능하신가요?"라는 질문을 통해 고객의 상황을 먼저 파악하는 것이 바람직합니다. 이렇게 고객의 시간을 존중하는 태도는 긍정적인 인상을 남기고, 대화의 시작을 부드럽게 만듭니다.

라포 형성이 전화 영업에서도 중요합니다. 비록 대면이 아니더라도, 고객과의 친밀감을 형성하는 것이 대화를 성공적으로 이끌어 가는 데 큰 도움이 됩니다. "요즘 날씨가 많이 더워졌네요. 실내 온도는 적당하신가요?"와 같은 간단한 안부 인사나 가벼운 대화를 통해 고객과의 관계를 구축하는 것은 영업 대화의 흐름을 자연스럽게 만드는 데 필수적입니다. 이전 대화에서 나왔던 내용을 다시 꺼내는 것도 고객이 나와의 대화에 더 쉽게 마음을 열도록 돕습니다. 하지만 지나치게 길어지지 않도록 주의하고, 영업 주제로 자연스럽게 전환할 타이밍을 잘 잡는 것이 중요합니다.

전화 영업에서 경청은 매우 중요한 기술입니다. "현재 어떤 문제를 겪고 계신가요?"라는 질문을 한 다음 고객의 말을 주의 깊게 경청해 필요한 내용을 파악하는 것이 성공적인 대화의 핵심입니다. 경청을 통해 고객이 진정으로 필요로 하는 것이 무엇인지, 어떤 문제가 있는지를 명확히 파악한 후 그에 맞는 해결책을 제안하는 것이 중요합니다. 고객의 말을 중간에 끊지 말고, 그들의 니즈를 정확히 파악하는 데 집중하세요.

적절한 질문과 응대가 전화 영업의 성공 여부를 가릅니다. 고객의 니즈를 정확히 파악하려면 올바른 질문을 던지고, 그에 맞게 대화를 이끌어야 합니다. 예를 들어, 고객이 "우리 회사는 비용 절감이 시급해요"라고 말했다면, "구체적으로 어떤 부분에서 비용 절감이 필요하신가요?"라고 한 단계 더 깊이 있는 질문을 던져보세요. 고객의 답변을 듣고 단순히 넘기지 말고, 그 대답에 따라 더 깊이 있는 대화를 이끌어나가는 것이 중요합니다. 이렇게 대화를 이어가면서 고객의 문제를 해결할 수 있는 방법을 제시한다면 자연스럽게 영업 제안으로 연결될 수 있습니다.

전화 통화의 마무리도 신경 써야 할 중요한 부분입니다. 대화를 마무리할 때는 다음 단계로 이어질 수 있도록 제안을 하는 것이 좋습니다. "다음 주에 이 주제에 대해 더 자세히 이야기 나눌 수 있을까요?" 와 같은 방식으로 다음 통화나 미팅을 약속하는 것이 효과적입니다.

"바쁘신 와중에 시간을 내주셔서 감사합니다"라는 말로 고객의 시간을 존중하는 모습을 보이세요. 이런 표현은 고객에게 감사의 마음을 전할 뿐만 아니라, 다음 통화를 기대하게 만드는 역할을 합니다.

전화 영업이 끝난 후에는 자신의 통화를 피드백하는 과정을 거치는 것이 필요합니다. "어떤 부분에서 고객의 관심을 끌었나?", "어떤 질문이 효과적이었나?", "어떤 부분을 개선해야 할지?" 등 스스로에게 물어보며 통화 후 어떤 부분이 잘 됐고 어떤 부분을 개선해야 할지 돌아보는 과정은 다음 영업 활동을 더욱 성공적으로 이끄는 데 큰 도움이 됩니다. 이러한 자기 점검과 반복적인 연습을 통해 전화 영업에 대한 자신감도 점차 쌓이게 됩니다.

전화 영업은 대면 영업과는 다른 형태의 영업 기술을 요구하지만, 올바른 전략과 스킬을 적용한다면 대면 미팅만큼 효과적일 수 있습니다. 전화로 고객의 목소리와 톤에 주의를 기울이고, 적절한 타이밍에 전화를 걸며, 경청과 질문을 통해 대화를 이끌어 나간다면, 전화 영업에서도 충분히 좋은 성과를 거둘 수 있습니다.

처음에는 어색하고 힘들 수 있지만, 꾸준한 노력과 올바른 전략으로 충분히 성공할 수 있습니다. 고객의 목소리에 귀 기울이고, 그들의 니즈를 정확히 파악하며, 적절한 해결책을 제시한다면 전화 영업에서도 놀라운 성과를 거둘 수 있을 것입니다. 포기하지 말고 계속 도전하세요. 여러분의 성장은 바로 그 순간에 시작됩니다!

이메일 커뮤니케이션

이메일을 통한 영업 커뮤니케이션은 대면이나 전화 영업과는 다른 접근법을 필요로 합니다. 비대면 방식의 특성상 메시지를 명확하게 전달하면서도 고객에게 긍정적인 인상을 남겨야 하는 도전적인 과제입니다. 특히 영업 초보자에게는 더욱 그렇습니다. 이메일 영업은 상호작용이 제한적이기 때문에, 이메일을 통해 첫인상을 만들고, 효과적으로 소통하는 기술이 매우 중요합니다.

이메일의 본질을 이해하는 것이 중요합니다. 이메일은 기본적으로 단방향 커뮤니케이션입니다. 내가 메시지를 보내면 고객은 읽습니다. 따라서 이메일은 고객이 바로 앞에 있다고 상상하면서 메일을 작성하는 것이 중요합니다. 고객과 직접 마주보고 대화하는 것처럼 이메일에서도 진정성과 공감을 담아야 합니다.

이메일은 문자로 기록이 남는다는 점에서 대화나 전화와 다릅니다. 말이 휘발성으로 사라지지 않고, 시간이 지나도 남아있는 기록이 되므로, 모든 표현에 신중해야 합니다. 특히 정중한 어조를 유지하는 것이 중요하며, 고객과의 모든 상호작용에서 예의를 지키는 것이 기본입니다.

이메일 작성의 기본 구조

이메일 작성 시에는 몇 가지 기본적인 구조를 지키는 것이 좋습니다. "안녕하세요, [고객 이름]님"과 같은 친근한 인사로 시작하고, 고객의 상황에 대한 이해를 보여주는 것이 좋습니다. 예를 들어, "최근의 시장 변동에 대해 관심이 많으실 텐데, 저희가 도움이 될 수 있는 방안을 제안드리고자 합니다."와 같은 문구로 공감을 표현할 수 있습니다. 이후 본론에서는 이메일의 목적을 명확히 하고, 고객이 이해하기 쉬운 방식으로 메시지를 전달해야 합니다.

이메일 작성 시에는 구조화된 형식을 사용하는 것이 효과적입니다. 정보를 논리적으로 배치하여 고객이 쉽게 이해할 수 있도록 해야 합니다. 잠시 네모, 삼각형, 동그라미가 여러 개 흩어져 있는 상황을 상상해보세요. 만약 정리하지 않은 채로 고객에게 제시하면 고객은 혼란스러워할 것입니다. 하지만 같은 도형과 색깔별로 순서대로 정리해 제시하면 고객은 짧은 시간 안에 필요한 정보를 얻을 수 있습니다.

하지만 이 구조화된 형식이 지나치게 딱딱해 보이지 않도록 주의해야 합니다. 고객의 상황과 성향에 맞는 어조와 표현을 사용하는 것이 필요합니다. 중요한 내용을 전달할 때는 고객과의 관계를 고려해 적절한 온도를 유지하는 것이 좋습니다.

정중함과 신중함도 잊지 말아야 합니다. 제 경험을 예로 들자면 한 글로벌 고객과의 이메일에서 가벼운 농담을 포함시켰다가 3년 후 그 이메일이 고객사의 임원들에게 포워딩되는 상황이 발생했습니다. 이로 인해 회사의 전문성에 대한 오해를 살 수 있는 위험을 실감했죠. 그 이후로는 항상 정중하고 신중한 표현을 유지하려고 노력하고 있습니다.

이메일에서의 작은 실수도 크게 부각될 수 있습니다. 가령 잘못된 정보나 부정확한 표현이 포함된 이메일은 시간이 지나도 여전히 문제가 될 수 있으며 고객과의 신뢰 관계에 악영향을 미칠 수 있습니다. 그렇기 때문에 이메일을 보내기 전에 반드시 내용을 검토하고, 필요한 경우 동료나 상사의 피드백을 받는 것이 좋습니다.

이메일 커뮤니케이션은 지속적으로 개선해 나가야 합니다. 처음에는 어렵게 느껴질 수 있지만, 경험이 쌓이면서 자신감을 가지게 될 것입니다. 이메일을 보낼 때마다 자신이 사용한 표현과 고객의 반응을 분석하고, 어떤 부분을 개선할 수 있을지 생각해 보아야 합니다. 고객의 피드백을 적극적으로 수용하고, 이를 바탕으로 커뮤니케이션 방식을 조정하는 것이 중요합니다. 결국 이메일도 고객과의 관계를 형성하고 유지하는 중요한 도구입니다.

08
읽을거리

"고객 미팅에 갈 때는 꼭 읽을거리를 가져가라는 말이 있는데 어떻게 준비해야 할까요?" (영업 3년차)

영업 초보라면 고객에게 어떤 자료를 준비해 가야 할지 고민이 많을 겁니다. 단순히 카탈로그만 들고 가는 게 맞는 건지 아니면 고객이 관심을 가질 만한 맞춤형 자료를 준비해야 할지 판단이 잘 서지 않습니다. 이럴 때 선배 영업사원들이 흔히 조언하는 말이 있습니다. "고객 미팅 때는 1페이지라도 꼭 읽을거리를 준비해 가라." 이 조언을 들으면서 한편으로는 '무조건 그래야 하는 걸까?'라는 의문이 들었습니다. 영업 미팅에서 자료는 정보 그 이상입니다. 특히 고객과의 첫 만남이라면 영업사원의 전문성을 보여주고 대화의 물꼬를 트는 중요한 역할을 합니다.

영업 초보 때 흔히 겪는 어려움 중 하나는 지나치게 많은 정보를 한 번에 제공하거나, 반대로 너무 적은 자료를 준비하는 것입니다. 이때 중요한 것은 고객이 짧은 시간 안에 핵심을 쉽게 파악할 수 있는, 간결하면서도 의미 있는 자료를 제공하는 것입니다.

읽을거리의 중요성

읽을거리는 고객에게 신뢰감을 줄 수 있는 중요한 첫걸음이 됩니다. 여러분이 고객에게 제공하는 자료는 고객이 여러분을 어떻게 평가할지에 큰 영향을 미칩니다. 영업사원이 제품을 팔려고만 하는 사람으로 보일지 아니면 내 문제를 해결해 줄 파트너로 보일지는 여러분이 자료를 어떻게 준비하느냐에 따라 판가름 납니다.

우리는 항상 내가 고객의 문제 해결 파트너라고 생각하고 자료를 준비해야 합니다. 그래서 고객에게 제공하는 읽을거리는 고객의 필요에 맞는 정보와 솔루션을 담아야 합니다. 제품 소개를 나열한 카탈로그 말고요. 고객의 니즈에 맞춘 맞춤형 자료는 '나는 당신의 문제를 진지하게 고민하고 있습니다'라는 메시지를 전달할 수 있습니다. 고객은 영업사원을 단순한 판매자로 보는 것이 아니라 비즈니스 문제를 해결할 수 있는 조력자로 인식하게 됩니다. 예를 들면 고객이 관심 가질 만한 최신 산업 동향이나 경쟁사와의 차별성을 강조한 자료를 준비하는 것은 그들의 비즈니스 상황에 깊이 관여하고 있음을 보여줄 좋은 방법입니다. 맞춤형 자료는 고객이 더 많은 질문을 하게 만들고 대화의 폭을 넓힐 수 있는 좋은 기회를 만듭니다.

고객에게는 시간이 매우 소중합니다. 그렇기 때문에 미팅에서 긴 제안서나 복잡한 자료를 제공하는 것보다는 1페이지짜리 간결한 제안서를 준비하는 것이 효과적일 수 있습니다. 1페이지에 핵심적인 정보만을 간결하게 담아, 고객이 빠르게 내용을 파악하고 중요한 포인트에 집중할 수 있도록 하는 것이 중요합니다.

이 1페이지 제안서에는 고객의 주요한 문제와 솔루션, 그리고 해당 솔루션을 도입했을 때 얻는 구체적인 이익이 담겨 있어야 합니다. 또한 투자 대비 수익률(ROI)처럼 고객이 쉽게 이해할 수 있는 수치를 포함하면 더 좋겠죠. 맞춤형 자료는 고객에게 언제나 영업사원을 비즈니스 파트너로 인식하게 만드는 좋은 수단입니다.

고객에게 읽을거리를 제공하는 것은 대화의 좋은 출발점이 됩니다. 잘 준비된 자료를 가지고 있으면 자연스럽게 대화를 시작할 수 있고, 서로 질문을 던지거나 고객이 직면한 문제를 함께 공유할 가능성이 높아집니다.

여러분이 준비한 1페이지짜리 제안서에 담긴 정보가 고객의 문제와 직접적으로 연결된다면 당연히 고객은 많은 질문을 하게 됩니다. 질문은 대화의 깊이를 더해주고, 고객과의 관계를 더 빠르게 발전시키는 중요한 요소가 됩니다. 최신 산업 트렌드나 시장 분석 자료를 제공함으로써 고객에게 여러분의 전문성을 강조할 수 있습니다.

읽을거리를 준비하는 것만큼 중요한 것은 그 자료에 대한 후속조치를 취하는 것입니다. 고객에게 자료를 전달한 후에는 반드시 그 자료에 대한 피드백을 요청하고, 추가로 필요한 정보나 설명이 있는지 확인해야 합니다. 이를 통해 고객과의 대화가 지속적으로 이어지게 되고, 고객의 신뢰를 더욱 쌓을 수 있는 기회가 생깁니다.

예를 들어, 미팅 후 고객이 제공받은 자료를 다시 읽고 피드백을 주게 되면, 이는 자연스럽게 후속 미팅으로 이어질 수 있습니다. 이를 통해 고객과의 관계는 한층 더 발전하게 되고, 장기적인 비즈니스 파트너십을 구축할 수 있는 기반이 마련됩니다.

자료를 한 번 준비하는 것으로 끝내지 말고 미팅 후 고객의 반응과 피드백을 분석하여 다음 미팅을 위한 자료를 지속적으로 준비하는 것이 중요합니다. 특히 고객이 미팅에서 어떤 정보를 더 필요로 했는지, 어떤 부분에서 궁금증을 가졌는지 파악하고 더욱 정교한 자료를 준비해야 합니다.

고객에게 맞춤형 읽을거리를 제공하는 것은 영업 성과에 큰 긍정적 영향을 미칩니다. 고객은 여러분이 제공한 자료를 통해 여러분의 전문성과 준비성을 확인하게 되고, 그로 인해 거래 성사 가능성이 높아집니다. 자료 준비에 조금 더 시간을 투자하고, 고객 맞춤형 정보를 제공하는 것은 장기적으로 볼 때 더 큰 성과를 거두는 데 필수적인 전략입니다.

이처럼 고객 미팅에서 읽을거리를 준비하는 것은 단순히 형식적인 것이 아니라, 영업의 중요한 전략 중 하나입니다. 고객의 상황에 맞춘 자료를 준비함으로써 그들의 관심을 끌고, 더 나은 대화를 이끌어낼 수 있습니다.

고객 미팅에서 읽을거리를 준비하는 것은 작은 일이 아닙니다. 고객은 여러분이 제공한 자료를 통해 준비성과 진정성을 느끼고, 그로 인해 영업 기회가 더 큰 성공으로 이어질 수 있습니다.

영업 초보자일수록 전략적 접근이 더 중요합니다. 고객은 자신에게 실질적인 가치를 줄 수 있는 정보를 찾고 있습니다. 여러분이 제공하는 맞춤형 읽을거리는 고객이 문제를 해결하고 더 나은 결정을 내릴 수 있도록 돕는 강력한 무기가 될 것입니다. 또한, 이를 통해 고객과의 관계는 더욱 깊어지고, 여러분의 영업성과도 자연스럽게 따라올 것입니다.

09
실패감
다루는 법

"미팅을 끝내고 나서 아무 이유 없이 잘 안 된 것 같다고 느낄 때가 있습니다. 실패했다는 막연한 느낌은 왜 드는 걸까요?" (33세, 영업 5년차)

고객과의 미팅이 끝난 후에 느껴지는 실패감은 영업 초보 시절 누구나 겪는 흔한 감정입니다. 저 역시 영업 초기에 미팅이 끝나면 "아, 이번엔 안 된 것 같다"는 주관적인 생각에 빠지곤 했습니다. 고객 반응이 미약하거나 생각한 만큼의 성과를 내지 못한 것처럼 보일 때 곧바로 실패라는 결론을 내리고 혼자 좌절했던 적이 많았습니다. 어떤 때는 모든 것이 다 내 잘못인 것처럼 느껴지고 다시는 같은 실수를 하지 않기 위해 더 조심스럽게 준비하려고 애쓰곤 했죠.

실패감의 본질 : 감정과 현실 구분하기

미팅 후 느껴지는 실패감은 사실 감정적 판단에 불과할 수 있습니다. 고객의 반응이 부족하거나 예상과 다른 대화 때문에 생겨나는 불안한 감정입니다. 하지만 부정적인 감정이 실제 상황과 얼마나 일치하는지 냉정하게 분석해 보세요. 시간을 두고 미팅을 복기해보면 '실패했다는 감정'은 객관적 사실과 다른 나의 주관적인 판단인지 구분할 수 있습니다. 당장 좌절감이 들더라도 실제 미팅에서 구체적인 문제가 발생했다는 뜻은 아니기 때문입니다.

미팅 후의 감정적 반응을 객관적으로 분석하는 것은 영업 초보자에게 매우 필요한 과정입니다. 영업은 단순한 미팅 한 번으로 성패가 결정되는 것이 아니라, 꾸준한 노력과 피드백을 통해 발전해 나가는 지난한 작업입니다. 누구나 불현듯 실패감을 느낄 수 있지만 실패를 어떻게 받아들이고 다시 일어설지는 감정의 문제가 아닙니다. 영업인으로서의 나의 성장을 좌우하는 중요한 분기점입니다.

고객이 보여주는 표정이나 몸짓이 곧바로 구매 의사를 뜻하지 않습니다. 고객이 미팅 중에 생각에 잠기거나 별 반응 없이 잠시 침묵하는 것은 오히려 제안 내용을 진지하게 검토하고 있다는 긍정적 신호일 수 있습니다. 반면 고객이 대화 중에 "좋아요" 혹은 "괜찮습니다" 라고 말했다고 반드시 구매로 이어진다는 보장도 없습니다.

미팅의 성공 여부는 단지 감정적인 측면이 아니라 실제 대화의 내용과 목적 달성 여부에 따라 평가되어야 합니다. 영업 미팅에서는 고객과의 관계 형성과 신뢰 구축이 우선적인 목표일 수 있습니다. 단순히 제품이나 서비스를 판매하는 것이 아니라, 고객의 문제를 이해하고 그에 맞는 솔루션을 제시하는 과정 자체가 중요한 부분입니다.

영업 초보자일 때는 처음부터 완벽한 결과를 기대하는 경향이 있습니다. 그래서 작은 실수나 고객의 미지근한 반응에도 쉽게 좌절합니다. 그러나 실제로 미팅 자체가 실패했다기 보다 내가 설정한 높은 기대치에 비해 다소 미흡하게 느꼈을 뿐일지도 모릅니다.

피드백 과정을 통해 스스로를 발전시킬 수 있습니다. 스스로에게 이런 질문을 던져보세요. "고객이 어떤 부분에서 의문을 제기했는가?", "어떤 점에서 고객의 관심을 끌지 못했는가?" 혹은 "내가 좀 더 준비해야 했던 부분은 무엇이었는가?" 같은 질문을 통해 문제의 원인을 찾고, 개선책을 마련하는 것이 중요합니다.

영업에서 실패와 성공은 장기적인 관점에서 평가해야 합니다. 영업은 마라톤과 같습니다. 즉각적인 성과에만 집착하는 것이 아니라, 고객과의 장기적인 관계를 통해 신뢰를 쌓고, 그 결과로 성과를 내는 것이 진정한 성공입니다. 때로는 당장 눈에 보이지 않는 작은 성과가 나중에 큰 성과로 이어질 수 있습니다.

실패감을 발전의 기회로 바꾸는 법

영업은 반복적인 학습과 개선의 과정입니다. 미팅에서의 작은 실수나 부족함을 발전의 기회로 삼아 계속 나아가다 보면, 결국 성과는 따라오게 됩니다.

지금 당장은 만족스럽지 않아 보일지라도 미팅에서 얻은 작은 단서나 교훈들이 나중에 더 큰 성공을 이끌어줄 것입니다. 실패처럼 보이는 경험도 결국에는 더 나은 영업인으로 성장할 수 있는 밑거름이 됩니다. 오늘 조금 힘들었다면 내일 더 잘할 수 있는 기회가 있습니다. 자신을 믿고 매 순간 배우는 자세로 나아간다면 누구보다 멋진 영업 전문가로 성장할 수 있습니다. 모든 과정이 바로 성공으로 이어지지 않더라도, 포기하지 말고 계속 도전하세요. 여러분은 충분히 잘하고 있으며, 더 잘해 낼 수 있습니다.

4부

성장하는 _____ 영업자는
전략적으로 _____ 실천합니다

여러분, 우리가 해야 할 일은 제품 정보를 전달하는 것을 넘어 고객의 비즈니스 환경과 요구사항을 철저히 파악하는 것입니다. 마치 탐정처럼 관찰하고 추리하며 고객의 숨은 니즈를 발견하는 것입니다. 때로는 고객 스스로도 명확히 인지하지 못하는 요구사항도 우리가 먼저 파악하고 제안할 수 있어야 합니다.

01
영업 목표
다음은?

"영업 목표를 세운 다음 무엇부터 실행해야 할지 잘 모르겠습니다. 영업 실천 전략을 세우는 기준이 있을까요?" (36세, 영업 5년차)

제 초보 시절도 마찬가지였습니다. '영업 목표는 나왔는데 무엇을 먼저 해야 할지 잘 모르겠다.' 머릿속은 복잡하기만 하고, 어디서부터 시작해야 할지 막막했던 기분, 충분히 이해합니다. '목표'라는 단어는 때로 무거운 짐처럼 느껴지기도 합니다. 뿐만 아니라 실패에 대한 두려움도 함께 찾아옵니다. 특히 영업 초보자들에게 '실적 압박'이란 말은 숨이 막히게 만들 수 있습니다. 저도 처음에는 그랬어요. 고객의 요구사항을 이메일로만 받고 싶을 정도로 자신감이 없었고, 목표라는 단어 자체가 크게 느껴졌던 때가 있었습니다.

하지만 이제는 말씀드릴 수 있습니다. 목표는 우리를 짓누르는 무거운 짐이 아니라 성공을 향해 나아갈 수 있게 돕는 중요한 길잡이라고 요. 목표가 없다면 우리는 쉽게 길을 잃을 수 있습니다. 하지만 목표가 있다면 어디로 가야 할지 무엇을 해야 할지 명확히 알 수 있죠. 목표는 단순한 숫자가 아닌 우리 영업 활동의 나침반 같은 존재입니다.

목표를 달성하기 위한 실천전략

첫 번째 해야 할 일은 목표를 작은 단위로 나누는 것입니다. 월간 매출 목표가 1억 원이라면 이를 더 작은 단위인 주 단위로 나누는 겁니다. 그러면 주간 목표는 2천만 원이고, 다시 1주 목표를 일 단위로 나누면 하루에 약 400만 원의 매출이 목표가 됩니다. 월 1억 원과 하루 400만원은 사실 똑같은 목표지만 압박감은 훨씬 덜해집니다.

구체적인 일간 목표는 우리가 매일의 성과를 점검하는 기준이 됩니다. 월간 목표 때문에 불안해하기보다 일간 목표를 달성하기 위한 의욕을 내기도 쉬워집니다. 매일 느끼는 작은 성취감이 쌓이면 자신감도 덩달아 높아질 겁니다. 세분화한 목표는 '이번 달에 무엇을 해야 할까?'보다 '이번 주에 무엇을 해야 할까?', '오늘 무엇을 해야 할까?'처럼 더 작고 구체적인 실천사항을 찾아낼 수 있습니다.

다음은 체계적인 일정 관리입니다. 영업직에서의 시간 관리는 성과와 직결됩니다. 영업 초보자가 흔히 저지르는 실수는 할 일이 너무 많아서 우선순위를 제대로 설정하지 못하는 것입니다. 따라서 목표를 달성하기 위한 일정을 수립할 때는 각 업무의 중요도와 긴급성을 고려하여 우선순위를 매기는 것이 필요해요.

신규 고객을 확보하는 것과 기존 고객의 관계를 유지하는 것이 동시에 중요할 수 있습니다. 그러나 고객의 성격이나 상황에 따라 더 시급한 쪽을 찾을 수 있습니다. 우선순위에 맞게 일정을 설정해야 업무 효율성을 높일 수 있습니다. 매일 아침이나 매주 초에 해야 할 일 목록을 작성하고 그 안에서 우선순위를 정리하세요.

세 번째, 목표를 설정하고 일정을 세운 후에는 실행을 위한 준비가 필요합니다. 영업 초보자는 아직 충분한 역량을 갖추지 않았을 확률이 높습니다. 목표 달성이 어려운 것은 당연한 일입니다. 항상 나의 부족한 부분을 파악하고 역량을 개발하는 것을 병행해야 합니다.

만약 고객과의 소통 능력 향상이 필요하다면 다양한 교육 프로그램에 참여하거나, 동료와 상사의 피드백을 받는 것도 유익합니다. 앞서 1부에서 이야기했듯이, 실제 고객 미팅에서 발생하는 상황을 적극적으로 기록하고 분석해야 합니다.

네 번째, 중간 점검과 피드백입니다. 주기적으로 자신의 성과를 점검하고, 목표 진척 상황을 살펴보는 것은 필수입니다.

월말이 다가오는데 아직 목표에 도달하지 못했다면, 이유를 찾아야 합니다. 고객과의 소통 방식, 제품의 매력도, 경쟁사와의 비교 등을 입체적으로 원인을 파악하고, 다음 달 목표와 계획에 반영해야 합니다. 목표를 정하고 달성하는 과정을 반복하면서 쌓이는 경험이 결국 더 큰 목표를 이루기 위한 나의 성장 기반이 됩니다.

영업의 세계는 끊임없이 변화하는 시장과 고객의 요구를 반영하기 때문에, 지속적인 성장은 여러분의 경력을 한층 더 풍부하게 만들어 줄 것입니다. 목표는 단순히 부담으로 다가오는 것이 아니라, 여러분의 성장과 성공을 위한 나침반이자 안내자 역할을 합니다.

02
열심히
한다는 것

"다들 '열심히' 영업하라고 하는데, 구체적으로 얼만큼 어떻게 해야

열심히 하는 걸까요?" (23살, 영업 1년차)

오늘도 영업의 세계에서 열심히 뛰고 계신 영업인 여러분, 여러분은 '열심히'라는 말을 들으면 어떤 생각이 드시나요? 가끔은 '열심히'라는 말이 막연하고 모호하게 느껴질 때가 있습니다. 저 역시 초보 시절 '열심히'라는 단어 앞에서 괜히 작아지곤 했습니다. 영업 현장에서 '열심히'라는 단어는 때때로 마치 무거운 짐처럼 우리의 어깨를 누르곤 합니다. '과연 내가 충분히 열심히 하고 있는 걸까?'라는 의문이 끊임없이 머릿속을 맴돕니다. 여러분도 이런 경험이 있으시죠? 자신은 최선을 다해 열정적으로 노력했다고 생각하지만, 그 노력의 방향이 맞는지, 고객이 그 노력을 진정으로 인정하는지에 대한 불안감이 끊이질

않습니다.

특히 처음 경험하는 이 새로운 세계에서, 목표도 방법도 명확하지 않은 상태로 방향을 잡으려 애쓰는 여러분의 마음이 충분히 이해됩니다. '열심히'라는 말이 단순한 노력 이상의 무언가를 의미한다는 것을 알면서도, 막상 어떻게 해야 하는지에 대한 명확한 지침이 없어 혼란스러울 때가 많죠.

'열심히'의 진짜 의미

제 경험을 하나 나누어볼까요? 초보 시절 저는 고객 사무실을 방문할 때마다 최신 제품 자료와 다양한 프로모션 정보를 정성껏 준비해 갔습니다. 제 스스로 뿌듯해할 만큼 열심히 준비했기에 당연히 고객 반응도 좋을 거라고 기대했죠. 하지만 고객은 내내 미적지근한 반응만 보였고, 심지어 경쟁사 영업사원 이름까지 자주 언급했습니다. 그때 느꼈던 좌절감은 이루 말할 수 없이 컸습니다. 나는 '열심히' 했는데 왜 고객의 반응은 별로일까?

고민하다가 머리를 한 대 세게 얻어맞은 충격을 받았습니다. '내 기준에서 나는 열심히 한다고 생각했지만 사실 나만 열심히 한 건 아니었나?' 싶었기 때문입니다. '아무리 열심히 해도 고객이 원하는 것을 하지 않았다면?'이라는 반문이 들었습니다. 순간 깨달았습니다. 나의 '열심히'속에는 고객이 필요한 것을 충분히 반영하지 못했다는 것을요. 고객이 원하는 것은 단순한 정보가 아니라 자신의 비즈니스 문제를 어떻게 해결할 수 있는지에 대한 명확한 답변이었던 것입니다.

덕분에 '열심히'의 진정한 의미를 깨달았습니다. 그저 시간과 에너지를 쏟아붓는 것이 아니라 고객의 니즈를 정확히 파악하고 그 요구를 중심으로 대화를 이끌어가는 것이었습니다. 고객이 "이 기능은 사용하기 너무 복잡해요"라고 말할 때 단순히 사과하는 대신에 "그 기능을 쉽게 사용할 수 있도록 어떤 부분이 개선되었으면 좋겠습니까?"라고 물어보는 것, 바로 이것이 진정한 '열심히'의 모습이었던 것입니다.

여러분, 우리가 해야 할 일은 제품 정보를 전달하는 것을 넘어 고객의 비즈니스 환경과 요구사항을 철저히 파악하는 것입니다. 마치 탐정처럼 관찰하고 추리하며 고객의 숨은 니즈를 발견하는 것입니다. 때로는 고객 스스로도 명확히 인지하지 못하는 요구사항도 우리가 먼저 파악하고 제안할 수 있어야 합니다.

'열심히'는 지속적인 자기 계발을 의미하기도 합니다. 시장은 끊임없이 변화하고, 고객의 요구사항도 나날이 진화하고 있습니다. 이에 발맞추어 우리도 계속해서 성장해야 합니다. 새로운 기술과 트렌드에 대해 항상 관심을 가지고 어떻게 고객의 비즈니스에 적용할 수 있을까 고민해야 합니다.

잊지 말아야 할 것은, '열심히'의 결과가 반드시 숫자만이 아니라는 점입니다. 물론 매출 실적도 중요하지만, 더 중요한 것은 고객과의 신뢰 관계를 구축하는 것입니다.

마지막으로 '열심히'는 경쟁사와의 비교에서 벗어나는 것을 의미하기도 합니다. 고객이 경쟁사를 언급할 때마다 좌절하지 마세요. 대신 우리만의 강점과 차별화 포인트를 더욱 부각시키는 데 집중하세요. 고객이 원하는 것은 더 많은 정보나 단순한 친밀함이 아니라, 실질적인 가치와 신뢰할 수 있는 파트너십입니다.

결국 '열심히'란 고객의 니즈를 중심에 두고 고객의 목소리에 귀를 기울이며, 끊임없이 자신을 발전시키는 노력을 의미합니다. 우리의 기준이 아니라 오로지 고객의 관점에서 판단되어야 합니다. 고객이 느끼기에 우리의 노력이 그들의 문제 해결에 직접적인 도움이 되고, 그들의 목표를 달성하는 데 기여할 때라야 진정한 '열심히'가 아닐까요?

여러분의 열정과 노력이 고객의 기대를 뛰어넘어, 진정한 파트너십을 구축하는 데 큰 역할을 할 것입니다. 이 여정에서 스스로를 돌아보고, 지속적으로 학습하며 성장하는 영업사원이 되어주시기 바랍니다. 여러분의 '열심히'가 고객에게 실질적인 가치를 제공하고, 그들의 성공에 기여할 때, 그 노력은 반드시 빛을 발할 것입니다.

03
키맨
활용

"고객사의 키맨을 우리 제품의 제안자로 만들려면 어떻게 해야 할까요?"

(31세, 영업 6년차)

철학자 소크라테스는 "진정한 지혜는 내가 아무것도 모른다는 사실을 아는 것에서부터 시작된다"고 말했습니다. 소크라테스는 질문을 통해 스스로 답을 찾아가는 방식으로 진리에 다가가려 했죠. 이처럼 때로는 우리가 상대에게 무언가를 설득하고자 할 때 직접적으로 말하기보다 상대 스스로 그 답을 깨닫게 돕는 것이 훨씬 더 효과적일 수 있습니다.

영업의 세계에서 우리는 종종 외부인으로서 고객사에 접근하고 제품을 제안하려고 노력합니다. 하지만 영업사원 혼자서 모든 것을 해결하기에는 한계가 있습니다. 혼자만의 한계를 극복하기 위해서는 고객사 내부의 키맨을 제안자로 만드는 전략이 필수적입니다. 영업사원과 고객사 내부 제안자의 역할의 차이를 이해하고, 그 강점을 잘 활용하는 것이 중요합니다.

고객사 키맨을 내부 제안자로 만드는 5가지 전략

제품을 제안하는 영업사원은 고객사의 입장에서는 외부인입니다. 아무리 뛰어난 자료와 논리로 접근하더라도 외부인이라는 사실은 바뀌지 않습니다. 또 영업사원은 고객사 내부 조직과 문화, 의사결정 과정을 완벽히 이해하지 못하기 때문에 제안 방향이 미묘하게 빗나갈 가능성도 큽니다.

반면 고객사 내부의 키맨이 제안자로 나선다면 상황은 우리에게 크게 유리해집니다. 내부 제안자는 동료들과의 신뢰를 바탕으로 제품의 가치를 자연스럽게 전달할 수 있습니다. 키맨의 제안은 외부인의 판매 전략이 아닌 회사의 이익과 목표에 기여하는 해결책으로 받아들여집니다.

고객사 내부 제안자를 효과적으로 만들기 위해서는 먼저 키맨과의 신뢰를 구축하는 것이 중요합니다. 진정성 있는 관심을 보여주고, 그들의 문제와 고민을 함께 고민하며, 비즈니스 외적인 부분에서도 관계를 지속적으로 발전시키는 노력이 필요합니다. 키맨과 신뢰 관계를 구축하면 키맨이 제안자의 역할을 수행할 수 있게 맞춤형 정보와 설득력 있는 자료를 제공해야 합니다. 간결하고 명확한 언어로 키맨이 내부적으로 제품을 쉽게 설명할 수 있도록 도와주는 것이 핵심입니다.

내부 제안자 역할을 수행하도록 격려하기 위해 그들에게 책임감을 부여하는 것도 중요합니다. 키맨이 제품을 제안할 때 자신이 조직의 발전에 기여하고 있다는 느낌을 받을 수 있도록 긍정적인 피드백과 동기 부여를 제공해야 합니다. 그들의 성과를 인정하고 격려하는 과정은 그들이 더욱 적극적으로 내부 제안을 수행하도록 돕습니다.

내부 제안자가 가진 영향력은 제품의 가치를 조직 내에서 자연스럽게 전달하는 데 중요한 역할을 합니다. 그들은 일상적인 대화 속에서 제품의 강점을 논의할 수 있으며, 이는 조직 내에서 제품의 가치를 확산시키는 데 매우 효과적입니다. 내부 제안자의 경험에서 나오는 진정성은 동료들에게 강한 공감을 일으키며, 결과적으로 제품에 대한 신뢰를 높이는 역할을 합니다.

내부 제안자가 조직 내에서 제품을 제안할 때는 의사결정 과정도 가속화됩니다. 외부 영업사원이 아무리 노력해도, 내부의 목소리가 제안하는 것만큼 신속하게 결정권자들을 설득하기는 쉽지 않습니다. 내부 제안자의 추천은 조직 내에서 이미 신뢰받는 의견으로 인정받고 있기 때문에, 제품 도입이 더 빠르게 진행될 수 있습니다.

내부 제안자 역할의 지속적인 영향력은 영업사원이 혼자서 달성할 수 없는 장기적인 성과로 이어집니다. 내부 제안자는 시간이 지나도 제품의 가치를 지속적으로 강화하고, 새로운 상황이 생길 때마다 제품이 문제 해결의 도구로서 다시 인식될 수 있도록 도와줍니다. 이로 인해 영업 활동은 단순히 일회성 거래가 아닌, 고객사와의 깊이 있는 파트너십으로 발전하게 됩니다.

고객사 내부 제안자를 효과적으로 활용하는 전략은 영업 초보자들에게 새로운 가능성을 열어줍니다. 이 전략을 통해 초보자들도 혼자 모든 것을 해결하려는 부담에서 벗어나, 고객사 내부의 지지와 협력을 얻어내는 진정한 영업 전문가로 성장할 수 있을 것입니다.

단기적인 판매 실적을 넘어 장기적인 고객 관계 구축과 브랜드 가치 향상으로 이어집니다.

내부 제안자 전략을 성공적으로 실행하기 위해서는 인내심과 지속적인 노력이 필요합니다. 키맨과의 관계 구축에서부터 그들이 내부 제안자로서 역할을 수행할 수 있도록 지원하는 과정까지 모든 단계에서 시간과 에너지 투자가 요구됩니다. 하지만 이러한 투자는 결국 큰 보상으로 돌아옵니다. 내부 제안자를 통해 얻은 신뢰와 영향력은 단순한 거래 관계를 넘어, 깊이 있는 비즈니스 파트너십으로 발전할 수 있는 기회를 제공합니다.

더불어, 내부 제안자 전략은 영업사원 개인의 성장에도 큰 도움이 됩니다. 이 과정에서 영업사원은 고객사의 비즈니스를 더 깊이 이해하게 되고, 다양한 이해관계자들과의 소통 능력을 향상시킬 수 있습니다. 또한, 내부 제안자와의 협력을 통해 자신의 제품이나 서비스가 실제 비즈니스 환경에서 어떻게 활용되고 가치를 창출하는지 직접 볼 수 있는 기회를 얻게 됩니다. 이는 향후 다른 고객사와의 거래에서도 큰 자산이 될 것입니다.

처음에는 어렵고 막막하게 느껴질 수 있지만, 내부 제안자라는 강력한 파트너와 함께할 때 영업의 길은 훨씬 더 수월해집니다. 고객사의 키맨이 우리의 제품을 스스로 제안하고 지지하는 모습을 보며, 여러분은 혼자가 아님을 깨닫게 될 것입니다. 이 여정에서 중요한 것은 포기하지 않고 꾸준히 노력하며 관계를 쌓아가는 과정입니다.

　내부 제안자 전략의 성공은 단순히 판매 실적의 향상뿐만 아니라, 고객사와의 관계 깊이를 한층 더 높이는 결과를 가져옵니다. 이는 장기적으로 안정적인 비즈니스 기반을 구축하는 데 큰 도움이 됩니다. 또한, 이러한 접근 방식은 영업사원의 역할을 단순한 판매자에서 비즈니스 파트너이자 컨설턴트로 격상시키는 효과도 있습니다.

　마지막으로, 이 전략을 통해 얻은 경험과 인사이트는 여러분의 커리어 발전에도 큰 도움이 될 것입니다. 고객사의 내부 역할을 이해하고, 다양한 이해관계자들과 효과적으로 소통하는 능력은 영업 분야에서 매우 가치 있는 역량입니다. 이러한 경험들이 쌓여 여러분은 더욱 성숙한 영업 전문가로 성장할 수 있을 것입니다.

(TIPS) 키맨을 제안자로 만드는 실천 가이드

항목	실천 방안	고객 변화
고객사 키맨과의 신뢰 관계 구축	키맨과 비즈니스 외적 대화를 통해 공감대 형성, 정기적인 미팅과 연락을 통해 신뢰 쌓기	고객사 내부에서 키맨과의 신뢰가 깊어지고, 영업사원의 제안을 긍정적으로 검토하는 분위기 형성
키맨에게 맞춤형 정보 제공	고객사의 상황과 목표에 맞춘 맞춤형 자료와 데이터를 제공, 쉽게 이해할 수 있는 언어로 설명	키맨이 제품에 대한 이해도가 높아지며, 내부에서 제품을 적극적으로 설명하고 지지하는 역할 수행

항목	실천 방안	고객 변화
키맨을 내부 제안자로서의 역할 부여	키맨에게 제품 제안 시 성취감과 책임감을 느낄 수 있도록 그들의 역할을 강조하고 지원	키맨이 제품의 가치를 내부에서 자연스럽게 전달하며, 제안에 대한 긍정적인 반응 유도
제안자의 의견과 피드백 적극 수용	키맨의 피드백을 신속하게 반영하고, 제품 개선점 및 반영된 내용을 공유하여 신뢰도 향상	제품의 개선 과정에 키맨이 참여함으로써, 그들이 제품의 발전에 기여하고 있다는 만족감 형성
정기적인 피드백 및 관계 유지	키맨과의 관계 유지를 위해 정기적인 피드백과 후속조치를 통해 지속적인 관심과 지원 제공	장기적인 파트너십 강화, 키맨이 영업사원을 신뢰하며 내부적으로 제품에 대한 긍정적 인식을 확산

04
회사의
지원요청

"더 좋은 성과를 올리기 위해서 방법을 찾았는데 회사에 어떻게 지원 요청을 해야 할까요?" (29세, 영업 4년차)

어느 날 친구와 함께 새로운 레스토랑에 갔던 기억이 납니다. 메뉴를 보니 너무나 다양해서 무엇을 선택해야 할지 몰라 망설이는데 친구가 자신 있게 말하더군요.

"여기서 제일 잘 나가는 메뉴 추천해주세요!"

옆에서 기다리던 서버는 즉시 인기 있는 메뉴를 설명해주었고, 우리는 그날 최고의 식사를 할 수 있었습니다. 가끔은 무엇을 선택해야 할지 몰라 머뭇거리는 상황이 생기곤 합니다. 그런데 적절한 조언을 받으면 훨씬 더 쉽게 결정을 내릴 수 있죠.

영업에서도 이와 비슷한 경험을 하게 됩니다. 영업 초보자로서 성과를 내기 위해서는 여러 자원이 필요하지만, 무엇을 어떻게 요청해야 할지 몰라 망설이는 순간이 많습니다. 회사는 다양한 자원을 제공할 수 있지만, 초보자는 그 자원들이 어떻게 활용될 수 있는지 감이 오지 않을 때가 많죠. "내가 지금 무엇을 요구할 수 있을까?" 혹은 "이런 요청을 하면 너무 과한가?"라는 고민에 빠져 결국 아무것도 요구하지 못하는 경우도 있습니다.

영업 초보자들은 막연한 목표와 함께 현실적인 도전에 부딪히게 됩니다. 교육이 필요할 것 같긴 한데, 어떤 부분에서부터 배워야 할지 모르겠고, 고객을 만나려면 어떤 자료가 있어야 하는지도 막연하게 느껴집니다. 가장 큰 고민은 "회사에 내가 무언가를 요청한다고 해서 과연 들어줄까?"라는 의문일 겁니다. 성과 압박은 더욱 커지고, 자신이 지금 제공할 수 있는 가치가 무엇인지 확신하지 못한 채 불안감을 느끼게 됩니다.

영업 초보자는 혼자 모든 것을 해결하려 하기보다는, 회사의 자원을 적극적으로 활용하는 것이 필요합니다. 그러나 그 첫걸음을 내딛기란 쉽지 않습니다. "내가 정말로 성과를 낼 수 있을까?"라는 의문이 머릿속에 떠나지 않고, 도움을 요청하는 순간 자신이 부족한 점을 드러내는 것 같아 주저하게 되기 때문입니다. 하지만 이러한 고민을 떨쳐내고 회사와 소통하는 것이야말로 성과를 빠르게 올리기 위한 중요한 출발점이 됩니다.

지원요청의 원칙

회사에 지원을 요청할 때는 몇 가지 핵심 원칙을 명심해야 합니다. 먼저 명확한 목표를 설정해야 합니다. 막연히 "도움이 필요하다"라고 말하는 것보다 구체적인 목표와 이유를 설명하는 것이 중요합니다. "시장 분석 자료를 받으면 새로운 고객을 더 효과적으로 공략할 수 있습니다"처럼 요청하는 항목이 어떻게 자신의 성과 향상에 도움이 될지를 명확히 해야 합니다. 영업 초보자들은 자신이 어디에서 부족한지, 그리고 그 부족함을 채우기 위해 어떤 자료나 교육이 필요한지 명확히 아는 것이 중요합니다. 요청의 구체성이 클수록 회사는 지원을 고려하기 더 쉬워집니다.

둘째, 회사의 입장에서 바라보는 시각이 중요합니다. 요청한 지원이 회사에 어떤 이익을 가져다줄 수 있을지를 함께 설명하는 것이 좋습니다. 영업 활동에 필요한 예산을 요청할 때도 "추가예산이 있으면 더 많은 고객을 만날 수 있어서 매출 증대에 기여할 수 있습니다" 같이 회사가 여러분의 요청을 투자로 인식하도록 하는 것이 중요합니다. 결국 회사의 입장에서 매출 증가나 성과 향상에 기여할 수 있는 방법을 제시하는 것이 좋은 요청 방식입니다. 회사의 관점에서 지원요청이 가지는 가치를 제시하는 것은 매우 중요한 설득 전략입니다.

마지막으로 정기적인 피드백을 요청하고 지원 효과를 점검해야 합니다. 지원을 받은 후 해당자원이 언제 어떻게 활용되었는지 추가적인 조정이 필요한지를 회사와 논의하세요. 시장 분석 자료를 받은 후 "이 자료가 새로운 고객 발굴에 매우 유용했습니다. 다만, 특정 산업군 데이터를 추가로 얻을 수 있을까요?"처럼 피드백을 요청하면 더 효과적인 지원을 받을 수 있습니다. 그렇다면 구체적으로 회사에 어떤 지원을 요청할 수 있을까요?

성과를 높이기 위한 지원 요청 활용법

첫째, 교육과 트레이닝은 매우 효과적인 지원입니다. 영업 초보자일수록 기초적인 영업 스킬, 협상 전략, 고객 관리 등 실무 능력을 빠르게 향상시켜야 합니다. 요즘은 회사에서 제공하는 다양한 교육 프로그램이 있기 때문에 놓치지 말고 활용하면 성과를 높일 수 있습니다. 실질적인 조언과 피드백을 받을 수 있는 멘토링 프로그램도 추천합니다.

둘째, 자료 및 데이터 지원을 요청할 수 있습니다. 시장 분석 자료, 경쟁사 정보, 그리고 잠재 고객 리스트와 같은 전략적 자료는 영업 활동을 크게 향상시킬 수 있는 중요한 도구입니다. 목표 고객을 더 정확하게 공략하고 경쟁사와 차별화된 전략을 세우는 데 중요한 역할을 할 것입니다. 또한 CRM 시스템이나 데이터 분석 도구와 같은 기술적 도구를 제공받는 것도 중요합니다. 기술적 도구가 있으면 고객과의 상호작용을 더 체계적으로 관리하고 분석할 수 있습니다.

셋째, 영업 전략 및 피드백 요청도 빼놓을 수 없습니다. 영업 초보자일수록 성과를 어떻게 분석하고 앞으로 어떤 목표를 세워야 할지 혼란스러울 때가 많습니다. 회사에 정기적인 피드백을 요청해 현재 성과를 점검받고 목표를 명확히 설정하는 것이 필요합니다. 영업 전략 수립에 대한 구체적인 피드백을 통해 더 나은 성과를 위한 방향을 제시받고, 이에 맞춰 자신의 영업 계획을 수정할 수 있습니다.

넷째, 영업 활동을 위한 지원 예산을 요청할 수 있습니다. 고객 접대비, 마케팅 자료 제작비, 그리고 출장비 같은 실제 영업 활동에 필요한 예산은 때로는 성과를 내는 데 결정적인 역할을 합니다. 특히 중요한 고객을 만날 때는 예산 지원이 매우 요긴합니다. 고객과의 식사 자리가 필요한 경우 접대비를 회사에 요청할 수 있겠죠. 마찬가지로 고객에게 제공할 마케팅 자료를 준비할 때는 제작비 지원을 요청하여 더 높은 품질의 자료를 준비할 수 있습니다.

마지막으로, '회사'라는 용어는 상황에 따라 팀장, 관리자, 혹은 관련 부서를 의미할 수 있음을 유념해야 합니다. 회사마다 조직 구조나 문화가 다르기 때문에 요청 대상도 달라질 수 있습니다. 내가 속한 조직에서 어떤 부서나 담당자에게 요청해야 하는지 미리 파악해 두세요. 요청 대상이 명확할수록 담당자가 제공할 수 있는 지원 역시 더 구체적이고 실질적일 것입니다.

이상의 모든 지원은 모두 영업 초보자가 성과를 올릴 수 있도록 회사가 돕는 중요한 자원입니다. 그러나 이를 요청할 때는 여러분의 필요를 명확하게 인식하고 회사 입장에서 그 필요가 어떻게 성과와 연결되는지 논리적으로 설명하는 것이 중요합니다. 무엇보다도 회사는 여러분이 성과를 올리기 위해 진지하게 노력하고 있다는 사실을 알게 될 때 더 기꺼이 지원하게 될 것입니다.

여러분은 혼자가 아닙니다. 회사와의 협력을 통해 더 나은 영업 성과를 만들어 나가고, 그 과정을 통해 자신감을 얻을 수 있을 것입니다. 필요한 도움을 적절히 요청하고 활용함으로써, 여러분은 성과를 빠르게 올리는 영업 전문가로 성장할 수 있습니다. 그러니 자신감을 가지고 회사와 소통하세요. 회사는 여러분의 성장을 함께할 준비가 되어 있을 것입니다.

TIPS 성과를 높이기 위한 회사 지원 4가지

★ 교육과 트레이닝
★ 자료 및 데이터 지원
★ 영업 전략 및 피드백
★ 영업 활동 지원 예산

05
제품
차별성

"비슷한 제품을 제안할 때 어떻게 우리 제품의 차별성을 강조할 수 있나요?" (24세, 영업 1년차)

물건을 사러 마트에 갔다고 합시다. 진열대에 비슷한 상품들이 줄지어 있는 것을 보면 가끔 무엇을 고를까 고민하게 됩니다. 똑같은 기능을 제공하는 물건이 잔뜩 있을 때 사람들은 무엇을 보고 결정할까요? 가격이 가장 낮은 걸 선택할 수도 있고 혹은 패키지가 마음에 드는 걸 집어 들 수도 있겠죠. 때로는 로고나 브랜드에 끌려 결정을 내리기도 합니다. 결국 선택의 순간에는 아주 작은 차이가 결과에 큰 영향을 미칩니다. 그렇다면 영업에서 비슷한 제품을 제안할 때도 똑같은 원리가 적용될까요?

차별화를 만드는 핵심 전략 : 프레이밍

시장에서 경쟁사들과 비슷한 제품을 제안할 때의 관건은 "우리 제품을 어떻게 차별화할 수 있을까?"라는 지점입니다. 모든 제품이 비슷하고 경쟁사 제품과 크게 눈에 띄는 차이가 없을 때는 그 고민이 더욱 커지죠. '우리 제품은 더 좋다'고 말하는 것만으로는 고객을 설득하기 어렵습니다. 고객이 스스로 우리 제품을 선택하게 만드는 차별화된 포인트가 필요합니다.

영업에서 이 상황은 매우 흔하고 그만큼 답을 찾기 까다로운 문제입니다. 그렇지만 여기서 중요한 것은 고객이 제품을 볼 때 무엇을 가장 중요하게 여기는지를 파악하고, 그 부분을 부각시켜주는 것입니다. 마치 마트에서 작은 차이로 물건을 선택하는 것처럼 우리는 고객의 니즈를 정확히 이해하고, 그들이 느끼는 중요한 차별성을 전달해야 합니다.

차별화를 강조하는 것은 그리 복잡한 일이 아닙니다. 중요한 것은 '고객의 시각을 어떻게 바꾸느냐'입니다. 우리가 제시하는 제품의 핵심 가치를 고객의 시각에서 새롭게 포장할 수만 있다면, 그 제품은 경쟁 제품과 명확히 구별될 것입니다. 이때 유용한 전략이 바로 '프레이밍'입니다. 야구에서 '프레이밍'이란 포수가 볼을 받는 순간에 스트라이크 존에 맞는 것처럼 보이게 손목을 살짝 움직여 심판의 판정을 유도하는 기술입니다. 영업에서도 이 개념을 적용할 수 있습니다. 우리가 제안하는 제품의 핵심 가치를 고객이 가장 중요하게 여기는 포인트로 맞춰 유리한 프레임을 설정하는 것이죠.

비슷한 제품이라도 고객이 중요하게 여기는 차별화를 찾는 것은 간단하지 않습니다. 예를 들어, 물병을 판매한다고 가정해 봅시다. 경쟁사들도 모두 물병을 판매하고, 기본 기능과 디자인도 비슷하다면 어떻게 차별성을 강조할 수 있을까요? 우리는 물병의 바닥이 얼마나 튼튼한지에 집중할 수 있습니다. 단순히 물을 담는 도구가 아니라, 야외활동에도 안전하게 사용할 수 있는 물병이라는 프레임을 설정함으로써 제품의 가치를 새롭게 포장할 수 있습니다. 또는 간편하게 열리고 닫히는 뚜껑 기능을 강조하여 사용의 편리성을 프레임으로 내세울 수 있습니다. 이렇게 작은 차이점을 부각시키면, 고객은 우리 제품의 독특한 가치를 인식하게 됩니다.

프레임 전략의 핵심은 고객의 니즈를 정확히 파악하는 데 있습니다. B2B 고객과 B2C 고객은 제품에 대한 기대와 요구가 다릅니다. B2B 고객의 경우, 비용 절감과 효율성을 중시하는 경우가 많습니다. 이들에게는 우리 제품이 경쟁사 제품에 비해 더 효율적으로 운영비를 절감하거나 관리 비용을 낮출 수 있다는 점을 강조해야 합니다. 반면 B2C 고객은 사용의 편리성이나 디자인 같은 더 감각적인 요소에 관심을 가질 수 있습니다. 이럴 때는 제품이 일상생활에서 얼마나 쉽게 사용할 수 있는지, 디자인이 얼마나 세련됐는지를 강조하는 것이 효과적입니다.

경쟁 제품과의 비교를 통해 우리 제품의 차별성을 강조하는 것도 매우 효과적입니다. 관건은 스펙의 단순 비교가 아니라 우리 제품 약점과 경쟁사 제품의 강점을 바라보는 관점을 변환하는 데 있습니다. 우리 회사 물병은 100원, 경쟁사 물병은 80원이라고 합시다. 분명히 개당 가격은 경쟁사가 더 저렴하지만 대신 우리 제품은 경쟁사보다 뛰어난 내구성 때문에 장기적인 비용 절감 효과가 있다고 차별화를 부각할 수 있습니다.

제품이 아닌 사후 관리나 고객 서비스를 비교하는 것도 유용한 전략입니다. 제품 자체는 비슷하더라도 사후 관리나 고객 지원 서비스에서 우리의 강점을 부각하면 차별성은 더 커집니다.

06
제안서
심사

"제안서를 평가할 때 심사위원이 중점적으로 보는 부분은 무엇일까요?"

(36세, 영업 7년차)

영업 초보 시절 의욕은 마구 넘쳐나는데도 꽤 막막했던 작업이 하나 있었습니다. 바로 제안서 작성입니다. 영업 초보자라면 제안서를 어떻게 구성해야 할지, 심사위원이 무엇을 가장 중요하게 볼지 막막할 수 있습니다. 요구사항을 충족시키는 것만으로는 충분하지 않다는 생각이 들지만 어디서부터 차별화를 시작해야 할지 어렵게 느껴질 수 있습니다. 특히 제안서 작성의 경험이 많지 않다면, 심사위원들이 어떤 부분에서 가치를 느끼고 어떤 기준으로 평가하는지 명확히 알기 힘들죠.

심사위원들이 제안서를 평가할 때, 단순히 형식적인 요건만 보는 것이 아니라, 그 뒤에 숨겨진 전략과 가치를 종합적으로 고려합니다.

심사위원들이 주목하는 7가지 핵심 요소

제안서를 평가하는 심사위원들이 가장 먼저 보는 것은 기본적인 평가 기준의 충족 여부입니다. RFP(제안요청서)에 제시된 대로 요구 사항에 충실해야 할 것은 당연히 기본이지만, 기본을 놓치는 경우도 종종 있습니다. 제안서를 처음 작성하는 영업 초보자라면 특히 실수할 수 있는 부분입니다. 형식적 완성도, 즉 구조가 체계적으로 정리되었는지, 요구 사항이 빠짐없이 포함되었는지, 혹은 불명확한 내용이 없는지 꼼꼼히 확인하는 것은 심사위원들에게 신뢰감을 주는 첫걸음입니다.

하지만 기본적인 요구 사항을 충족시키는 것만으로는 평가에서 상위에 오르기 어렵습니다. 모든 제안서가 어느 정도 상향평준화되어 있기 때문입니다. 여기서 중요한 것은 차별화된 요소를 어떻게 보여주느냐입니다. 경쟁사 제품과 기능상 큰 차이가 없을 때는 어떻게 해야 할까요? 우리는 고객이 겪고 있는 혹은 고객이 필요로 하는 구체적인 문제 해결에 집중해야 합니다. 고객의 니즈에 대한 맞춤형 솔루션 제품만이 제공할 수 있는 독특한 가치를 강조해야 합니다. 경쟁사와의 차별성을 강조하기 위해서는 제품의 기능을 나열하는 것에 그치지 말고, 고객이 겪고 있는 구체적인 문제를 해결할 수 있는 방법을 제안해야 합니다.

심사위원들은 단순히 기능적인 우수성보다는, 구체적인 성과 예측에 주목합니다. 제안된 솔루션이 실제로 어떤 성과를 낼 수 있을지에 대한 데이터가 포함되어야 합니다. 예를 들어, 과거에 비슷한 프로젝트를 성공적으로 완료한 사례나 그 프로젝트에서 성취한 성과 지표를 제시하면 신뢰성을 높일 수 있습니다. 특히 영업 초보자에게는 "좋은 제품을 제안하는 것"만이 아니라, 정량적 데이터를 통해 실제로 어떠한 성과가 기대되는지를 명확히 설명하는 것이 중요합니다.

제안서에서 차별화된 프레임을 설정할 때, 중요한 전략은 경쟁사의 약점을 보완하는 방식으로 차별화를 만들어내는 것입니다. 경쟁사가 가격적으로 우위를 가지고 있을 때 우리는 우리 제품이 장기적인 관점에서 더 나은 가치를 제공할 수 있음을 설명해야 합니다. 즉, 단순히 저렴한 가격보다는 더 높은 내구성, 장기적인 비용 절감 효과, 혹은 더 나은 고객 지원 서비스를 강조하는 것입니다. 심사위원들은 제품의 단기적 효용성뿐만 아니라 장기적인 파트너십 가능성도 평가하기 때문에, 장기적인 가치를 강조하는 것은 큰 장점이 될 수 있습니다.

또한, 심사위원들이 중점적으로 평가하는 요소는 프로젝트의 실행 가능성입니다. 아무리 좋은 제품을 제안하더라도, 실제로 그 제품을 효과적으로 실행할 수 있는 계획이 없다면 평가에서 높은 점수를 얻기 어렵습니다. 따라서 제안서에는 프로젝트를 어떻게 관리할 것인지에 대한 구체적인 계획이 필요합니다. 예를 들어, 프로젝트 진행 일정과 함께, 이를 실행할 팀 구성, 예상되는 리스크와 그 대응 방안까지 제시한다면 심사위원들은 더욱 안정감을 느낄 것입니다. 구체적인 계획을 제시하는 것은 제안서의 신뢰성을 높이는 중요한 방법입니다.

심사위원들은 제안서 작성자의 팀 역량과 경험도 평가합니다. 이때 팀의 경력을 과시하는 것보다는, 제안하는 프로젝트와 직접적으로 연관된 경험을 부각하는 것이 좋습니다. 예를 들어 우리가 이미 유사한 프로젝트를 성공적으로 진행한 경험이 있다면 그 내용을 구체적으로 설명하고, 그 프로젝트에서 배운 점을 이번 제안서에 어떻게 반영했는지 설명하는 것이 필요합니다. 이런 방식으로 팀의 역량을 구체적으로 보여주면 심사위원들은 우리의 제안이 실행 가능하고 안정적이라는 신뢰를 가지게 됩니다.

리스크 관리 계획도 제안서에서 빠져서는 안 될 중요한 요소입니다. 제안한 솔루션이 실행 과정에서 발생할 수 있는 문제들을 사전에 예측하고, 그에 대한 대응 방안을 구체적으로 제시하는 것은 제안서를 평가하는 데 있어 큰 영향을 미칩니다. 제안서에 포함된 리스크 관리 계획은 심사위원들이 우리의 문제 해결 능력을 평가하는 중요한 척도가 될 것입니다. 영업 초보자들은 여기에서 간과하기 쉬운 부분이지만, 리스크 관리가 명확하게 제시된 제안서는 실행 가능성 면에서 훨씬 높은 평가를 받을 수 있습니다.

마지막으로, 심사위원들은 제안서의 내용을 넘어 그 뒤에 숨겨진 전략과 준비성도 평가합니다. 여기서 선영업의 중요성이 다시 한번 강조됩니다. 선영업을 통해 고객의 진짜 니즈를 파악하고, RFP에 잘 드러나지 않은 고객의 실제 요구를 반영한 제안서는 높은 점수를 받을 가능성이 큽니다. 제안서가 단순히 RFP에 적힌 요구를 충족시키는 것뿐만 아니라, 고객의 진짜 문제를 해결할 수 있는 솔루션을 제시할 때 심사위원들은 더 큰 가치를 느끼게 됩니다.

제안서 작성은 단순히 RFP에 맞춰 서류를 제출하는 것에서 끝나는 것이 아닙니다. 그 이상으로 나아가야 하죠. 차별화된 프레임을 설정하고, 구체적인 성과 지표와 고객 맞춤형 솔루션을 제시하는 것이 심사위원들에게 강한 인상을 남기는 방법입니다. 또한, 프로젝트의 실행 가능성을 명확히 설명하는 것도 필수입니다. 특히 사전영업을 통해 고객의 진짜 니즈를 파악하고 맞춤형 전략을 제안서에 녹여내는 과정은 성공적인 제안서 작성의 핵심입니다.

하지만 이 모든 것을 어렵게만 느낄 필요는 없습니다. 조금씩 준비하고 노력하다 보면 어느새 여러분도 자신만의 차별화된 제안서를 작성할 수 있게 될 것입니다.

TIPS 심사위원들이 주목하는 7가지 핵심 요소

★ 기본 평가 기준 충족 여부
★ 차별화된 가치 제안
★ 구체적인 성과 예측
★ 프로젝트 실행 가능성
★ 팀역량과 경험
★ 리스크 관리 계획
★ 고객 중심의 솔루션 제안

TIPS 효과적인 제안서 작성을 위한 선영업 단계별 전략

단계	목표	활동 내용	제안서에 반영되는 성과
1 정보수집	고객사의 실제 문제와 우선순위 파악	고객사와의 비공식 대화, 업계 리서치, 과거 프로젝트 분석, 시장 동향 파악	고객의 실질적 요구를 반영한 맞춤형 제안서 작성, 고객의 문제를 해결하는 솔루션 제안 가능
2 관계형성	의사 결정자 및 키맨과의 신뢰 관계 구축	고객사의 주요 인물들과의 네트워킹, 고객의 우려 사항 청취, 비공식적 피드백 확보	제안서에서 고객의 진짜 니즈를 정확히 반영하고, 고객의 요구에 맞는 차별화된 제안 내용 포함
3 니즈 맞춤화	제안서의 핵심 가치를 고객 맞춤형으로 설정	고객이 중요시하는 요소(비용, 품질, 서비스 등)에 맞춘 맞춤형 솔루션 설계, 경쟁사와의 차별점 분석	고객의 기대에 부합하는 맞춤형 제안서, 고객이 중요하게 여기는 가치를 명확히 전달
4 전략수립	실행 가능성이 높은 실질적인 제안서 작성	고객의 비즈니스 모델, 업계 특성에 맞춘 구체적인 실행 계획 수립, 리스크 관리 방안 포함	제안서에서 실행 계획의 구체성과 신뢰도 강화, 고객사의 문제 해결을 위한 실질적 접근 제시
5 피드백 수집	제안서 제출 전 고객의 추가 요구 사항 반영	고객과의 추가적인 미팅을 통해 제안서 초안에 대한 피드백 청취, 필요한 수정 작업 수행	최종 제안서에서 누락된 부분 보완, 고객의 기대를 충족시켜 신뢰도를 높인 제안서 완성

07
탁월한
제안서

"탁월한 제안서를 만들기 위한 좋은 방법이 있을까요?" (30세, 영업 3년차)

영화 〈인셉션〉에서 주인공은 상대방의 꿈속에 들어가 정교하게 생각을 심어놓습니다. 상대방은 스스로 결론에 도달했다고 믿지만 사실 그 결론은 치밀하게 설계된 것입니다.

제안서를 작성할 때도 비슷한 원리가 작동합니다. 영업 초보자라면 제안서를 어떻게 구성해야 할지 막막할 수 있습니다. 단순히 제품을 설명하는 것만으로는 고객의 마음을 움직일 수 없다는 사실을 알면서도, 차별화를 어떻게 만들어야 할지 고민이 많을 겁니다. 저 역시 처음에는 같은 고민을 했습니다. '어떻게 하면 우리의 제안서가 경쟁사와 다르게 보일까?'라는 질문이 머릿속에서 떠나지 않았습니다.

하지만 제안서는 단순한 정보 전달이 아닙니다. 고객이 스스로 문제를 해결할 방법을 찾았다고 느끼게 만들면서 그 답이 바로 우리 제안서 속에 있다는 확신을 심어주는 것이죠. 특히 영업 초보자라면 제안서를 통해 고객에게 '필연적인 선택'으로 다가가는 방법을 배워야 합니다. 중요한 것은 고객의 문제를 정확히 파악하고 차별화된 프레임을 설정하는 것입니다.

탁월한 제안서를 위한 9가지 전략

탁월한 제안서를 만들기 위해서는 고객사에 대한 깊이 있는 분석이 필수적입니다. 단순히 표면적인 정보만으로는 제안서의 경쟁력을 높일 수 없습니다. 고객사의 조직문화, 경영 철학, 그리고 과거의 비즈니스 히스토리를 철저히 분석해야 합니다.

만약 고객사 대표가 '혁신'이라는 단어를 신년사에서 강조했다면 제안서에서도 혁신적인 해결책을 제시해야 합니다. 고객에게 우리 제안서가 그들의 비전과 일치하고, 목표를 달성하는 데 적합하다는 확신을 줄 수 있습니다.

조직의 문화와 가치에 맞춰 제안서의 톤을 조정하는 것도 효과적입니다. 만약 보수적인 조직이라면 전통과 신뢰성을 강조하고, 반대로 혁신을 추구하는 조직이라면 창의적이고 유연한 해결책을 제시하는 방식으로 제안서를 구성해야 합니다. 고객사의 특성을 정확히 파악하고 그에 맞춘 접근을 하는 것이 제안서의 설득력을 높이는 데 큰 도움이 됩니다.

차별화를 위해 명언이나 유명한 문구를 활용하는 것도 효과적인 전략입니다.

"고객을 만족시켜라. 처음에도, 맨 나중에도, 그리고 항상"

(루치아노 베네통)

"제품을 사줄 고객을 찾지 말고 고객에 맞춰 제품을 만들어라."

(세스 고딘)

"고객은 제품이 아닌 경험을 산다."

(사이먼 시넥)

이와 같은 문구를 활용하면 고객 중심의 가치를 강조하기에 유용합니다. 제품의 우수성을 강조하는 것이 아니라 고객의 요구를 최우선으로 고려하는 자세를 보여줄 수 있습니다.

경쟁사와의 차별화 전략도 탁월한 제안서를 만드는 데 필수적입니다. B2B 시장에서는 비슷한 제품이나 서비스가 많기 때문에 단순히 제품의 우수성을 강조하는 것만으로는 충분하지 않습니다. 구체적인 데이터와 성과를 제시하는 것이 중요합니다.

"우리 제품은 경쟁사보다 20% 더 높은 효율성을 제공하며, 1년 동안 비용을 15% 절감할 수 있었습니다"

이미 고객사에 상품을 제공했던 경험이 있다면 기존 경험을 구체적으로 언급하면서 실제 성과와 고객 만족도를 강조할 수 있습니다. 신규 진입을 시도하는 경우라면 기존에 사용하던 솔루션보다 더 나은 가치를 제공할 수 있음을 강조해야 합니다. 변화와 혁신을 통해 고객이 느끼는 이점을 구체적으로 설명하는 것이 효과적입니다.

프레임 설정도 매우 중요합니다. 같은 제품이라도 어떤 관점에서 설명하느냐에 따라 고객이 느끼는 가치가 달라집니다. 가구를 판매하는 경우라면 경쟁사들이 디자인이나 가격을 강조할 때 우리는 친환경을 프레임으로 설정할 수 있습니다. 우리 제품이 어떤 친환경적 소재로 만들어졌고 탄소 배출을 줄였는지 이야기하는 것입니다.

마찬가지로 소프트웨어를 판매할 때도 단순히 기능이나 성능만 강조하는 대신, 구매 후 제공되는 24시간 고객 지원과 맞춤형 기술 지원을 통해 고객이 더 나은 가치를 얻을 수 있도록 프레임을 설정할 수 있습니다. 이 과정에서 중요한 것은 고객의 관점에서 그들이 가장 중요하게 여기는 가치를 파악하고, 그 가치에 맞춘 프레임을 설정하는 것입니다.

심사위원의 관점에서 생각하는 것도 탁월한 제안서를 만드는 데 중요한 요소입니다. 심사위원들은 단순히 제품의 기능만을 보는 것이 아니라, 제안서의 논리성과 설득력을 평가합니다. 논리적으로 잘 구성된 제안서는 고객의 문제를 해결하기 위한 구체적인 해결책을 제시하며, 이를 명확하게 전달할 수 있어야 합니다.

시각적 자료를 활용해 중요한 데이터를 도표나 그래프로 제시하는 것도 좋은 방법입니다. 데이터를 시각적으로 표현하면 심사위원에게 가독성을 높이는 효과를 가져옵니다. 복잡한 개념이나 프로세스를 설명할 때 인포그래픽을 활용하면 정보를 더욱 쉽고 효과적으로 전달할 수 있습니다.

제안서 내용에 리스크 관리 계획을 포함하는 것도 중요합니다. 실행 과정에서 발생할 수 있는 문제를 사전예측하고 구체적인 대응 방안까지 제시하는 것은 평가에 큰 영향을 미칩니다.

탁월한 제안서는 고객의 문제를 정확히 이해하고 고객에게 최적화된 솔루션을 제시해야 합니다.

시각적 요소를 효과적으로 활용하고, 리스크 관리 계획을 포함하며, 선영업을 통해 얻은 인사이트를 제안서에 균형 있게 반영하는 것이 중요합니다.

탁월함은 작은 디테일에서 시작됩니다. 고객의 니즈를 깊이 이해하고, 창의적으로 해결책을 제시하며 설득력 있는 방식으로 메시지를 전달하려고 계속 노력하면 여러분의 제안서는 분명 탁월함을 달성할 수 있을 것입니다.

TIPS 탁월한 제안서를 위한 9가지 전략

★ 고객 중심의 문제 해결
★ 데이터의 성과 기반 접근
★ 차별화된 프레임 설정
★ 조직 문화와 가치에 맞춘 톤
★ 심사위원 관점에서의 논리성
★ 시각적 자료 활용
★ 리스크 관리와 대응 방안 제시
★ 선영업의 활용
★ 명확한 목표와 메시지 전달

08
프레젠테이션
진행

"프레젠테이션을 더 효과적으로 진행하는 방법이 궁금합니다."

(36세, 영업 3년차)

아리스토텔레스는 "덕은 중용에서 나온다"라고 했습니다. 과하지도, 모자라지도 않게 균형을 유지하는 것이 가장 바람직하다는 뜻입니다. 중용은 설득이나 소통에서도 유효합니다. 감정에만 치우치거나 논리만을 앞세우면 상대방을 설득하기 어렵습니다. 우리가 흔히 말하는 황금률이 여기에도 적용되는 것입니다. 적절한 감정과 논리의 조화를 이루는 것이 상대방을 가장 효과적으로 설득하는 방법입니다.

영업 초보자는 종종 정보를 많이 담거나 감정에 의존해 고객의 마음을 사로잡으려 하지만 베테랑은 균형을 유지하며 고객의 반응에 맞춰 발표를 조절합니다. 저도 처음에는 어떻게 프레젠테이션을 더 효과적으로 할 수 있을지 고민했던 기억이 납니다. 결국 성공적인 프레젠테이션은 고객의 니즈를 정확히 파악하고, 균형 잡힌 메시지를 전달하는 데 있습니다.

프레젠테이션을 성공적으로 이끌어내는 것은 단순한 정보 전달을 넘어서 청중과의 소통을 통해 설득력을 높이는 과정입니다. 우리는 때로 많은 정보를 준비하지만, 정작 중요한 것은 그 정보를 어떻게 전달하느냐에 달려 있습니다. 프레젠테이션의 목적은 청중이 우리의 메시지를 쉽게 이해하고, 공감하며, 설득되도록 하는 것입니다.

성공적인 프레젠테이션을 위한 5가지 핵심 요소

효과적인 프레젠테이션을 위해서는 먼저 기본 구조부터 명확하게 잡아야 합니다. 서론, 본론, 결론이 명확하게 구분되고, 메시지가 일관되게 전달되도록 해야 합니다. 청중이 발표 내용을 쉽게 따라갈 수 있도록 논리적 흐름을 갖추는 것이 핵심입니다.

서론에서는 청중의 관심을 끌 수 있는 주제로 시작하고, 본론에서는 주요 메시지를 논리적으로 전개한 뒤 결론에서는 메시지를 명확히 전달해 발표를 마무리해야 합니다.

스토리텔링 활용도 매우 효과적입니다. 단순한 데이터 나열보다 실제 사례나 이야기를 통해 청중의 공감을 얻는 것이 훨씬 좋습니다. 특정 문제를 해결한 고객의 성공 사례를 이야기하면, 청중은 그 제품이나 서비스가 자신에게도 유용할 수 있다는 확신을 가지게 됩니다. 이야기는 청중의 감정을 자극하고, 메시지를 더 강렬하게 전달하는 도구가 됩니다.

시각적 자료 또한 중요한 역할을 합니다. 복잡한 정보를 간결하고 명확하게 전달하기 위해 그래프, 도표, 이미지 등을 적절히 활용하는 것이 좋습니다. 슬라이드에는 너무 많은 텍스트나 데이터가 담기지 않도록 주의하고, 핵심 메시지를 시각적으로 강조해야 합니다.

청중과의 상호작용도 프레젠테이션의 성공을 좌우하는 중요한 요소입니다. 일방적인 정보 전달보다는 청중에게 질문을 던지거나 그들의 반응을 유도하면서 자연스럽게 대화를 이끌어가는 것이 효과적입니다. 청중의 관심을 지속적으로 유지하려면 그들의 반응에 따라 발표의 흐름을 조정하는 유연성이 필요합니다.

마지막으로 자신감 있는 태도가 중요합니다. 자신감은 청중에게 신뢰를 줍니다. 자신감을 갖추려면 충분한 연습이 필수적입니다. 발표 전에 내용을 여러 번 연습하고, 프레젠테이션의 흐름과 자료를 숙지하는 것이 중요합니다. 목소리 톤, 시선 처리, 몸짓 등도 프레젠테이션의 성공 여부를 좌우하는 요소들입니다.

프레젠테이션은 단순한 정보 전달이 아닌, 청중과 소통하고 설득하는 중요한 과정입니다. 처음에는 모든 것이 어렵고 막막할 수 있지만, 차근차근 기본기를 다지고 나면 점차 자신만의 스타일을 찾아가는 재미를 느낄 수 있을 것입니다. 꾸준한 노력과 연습을 통해 누구나 효과적인 프레젠테이션을 할 수 있습니다.

성공적인 프레젠테이션을 위한 5가지 핵심 요소

★ 명확한 구조
★ 스토리텔링 활용
★ 시각적 자료의 적절한 활용
★ 청중과의 상호작용
★ 자신감 있는 태도

09
팀내
역할

"저희 팀 성과가 요즘 좋지 않아서 팀 분위기도 안 좋고 팀장님도 힘
들어 보이는데 제가 이럴 때 뭘 해야 될까요?" (29세, 영업 5년차)

〈킹덤〉에서는 좀비라는 위협 앞에서 왕국의 운명을 책임져야 하
는 주인공들이 처음부터 완벽한 팀워크를 보여주지 못합니다. 각자
다른 목표를 가진 사람들이 모여 의심과 불신 속에서 갈등하지만, 위
기를 극복하는 과정에서 서로를 이해하고 협력하며 팀으로 성장해갑
니다. 결국 그들은 개인의 이익이 아닌 공동의 목표를 위해 힘을 합치
며 더 강력한 팀으로 거듭납니다. 이 드라마는 위기의 순간에 신뢰와
협력이 어떤 힘을 발휘하는지를 잘 보여줍니다.

팀 성과 회복을 위한 5가지 협력 전략

영업에서도 이와 비슷한 경험을 하게 됩니다. 팀 성과가 부진하면 자연스레 분위기가 무거워지고, 협력도 줄어들 수 있습니다. 영업 초보자라면 이런 상황에서 어떻게 대처해야 할지 혼란스러울 수밖에 없습니다. '지금 나에게 필요한 건 내 일에만 집중하는 것일까, 아니면 뭔가 더 해야 할까?' 이런 고민을 하게 되죠. 저 역시 처음에는 팀 분위기가 좋지 않을 때 조용히 있는 것이 최선이라고 생각했습니다.

그러나 시간이 지나면서 깨달았습니다. 바로 작은 도움이 큰 변화를 가져온다는 점입니다. 단순한 격려 한마디가 팀장에게 큰 위로가 될 수 있고, 팀원들과의 작은 협력이 팀 전체의 사기를 회복시킬 수 있습니다. 특히 팀장은 전체 성과에 대한 책임감과 부담감을 홀로 감당해야 하는 위치에 있기에, 팀원들의 작은 관심과 지지가 큰 힘이 될 수 있습니다. 예를 들어, 팀장이 늦게까지 업무를 할 때 옆에서 도와드리거나, 어려운 고객을 응대할 때 필요한 자료를 미리 준비해두는 등의 세심한 배려를 보여줄 수 있습니다.

힘든 시기일수록 팀의 목표와 방향성을 명확히 이해하는 것이 중요합니다. 팀장이 중요시하는 지표를 파악하고 자신의 활동을 조정하는 유연한 자세가 필요합니다. 단순히 맡은 일을 수행하는 것만으로는 부족할 때가 많은데, 자신의 역할이 팀의 목표에 어떻게 기여하는지를 인식하고 전략적으로 움직여야 합니다.

소통 또한 중요한 열쇠입니다. 팀장이 집중하고 있는 프로젝트에 관심을 기울이고 필요한 지원을 제안하는 것이 팀장의 신뢰를 쌓는 좋은 방법이 됩니다. 예를 들어, "이번 프로젝트가 중요하신 것 같은 데, 제가 어떤 부분을 도와드릴 수 있을까요?"와 같은 제안은 작은 변화로 큰 신뢰를 쌓을 수 있습니다.

더불어 어려운 시기일수록 팀원들과의 개인적인 유대감을 강화하는 것이 중요합니다. 업무적인 소통뿐만 아니라, 서로의 고민을 나누고 응원하는 관계를 만들어가야 합니다. 점심 시간이나 퇴근 후에 잠깐의 시간을 내어 팀원들과 대화를 나누거나, 힘들어하는 동료에게 따뜻한 커피 한 잔을 건네는 등의 작은 친절을 베푸는 것도 좋은 방법입니다.

회의나 보고 자리에서는 긍정적인 태도와 협력적인 자세를 유지하는 것이 좋습니다. 팀원들 간에 서로의 의견을 존중하고 건설적으로 대화하는 것은 팀 분위기를 개선하는 데 도움이 됩니다. 팀이 당장 성과를 내지 못하더라도 장기적인 목표를 설정하고, 단계적으로 실천해 나가면 방향성을 잃지 않을 수 있습니다.

피드백을 활용하는 것도 매우 중요합니다. 피드백을 비판으로 받아들이기보다는 성장의 기회로 삼아야 합니다. 팀장이나 선배들에게 피드백을 요청하고, 그에 맞춰 개선하는 자세가 필요한데, 예를 들어 "이번 미팅에 대해 피드백 주시면 다음에 더 잘 준비하겠습니다"와 같은 작은 요청이 더 나은 영업인으로 성장하는 밑거름이 됩니다.

나아가 팀의 성과 개선을 위한 구체적인 아이디어를 제안하고 실천하는 것도 도움이 될 수 있습니다. 주간 미팅에서 성공 사례를 공유하는 시간을 마련하거나, 팀원들의 노하우를 문서화하여 공유하는 등의 방법을 시도해볼 수 있습니다. 또한 고객의 피드백을 체계적으로 수집하고 분석하여 개선점을 찾아내거나, 경쟁사의 전략을 연구하여 새로운 접근 방법을 모색하는 것도 효과적입니다.

또한, 팀 분위기를 전환하기 위해서는 적극적인 분위기 메이커가 될 필요가 있습니다. 무거운 분위기 속에서도 유머와 긍정적인 태도를 유지하는 것은 팀원들의 사기를 높이는 데 큰 역할을 합니다. 비공식적인 자리나 소소한 이벤트를 통해 팀원 간 유대감을 높이고 협력을 촉진하는 것도 좋은 방법입니다.

마지막으로, 단기 성과에 연연하지 말고 장기적인 관점에서 팀의 성장을 바라보는 자세가 필요합니다. 성과가 저조한 시기를 성장의 기회로 삼고, 실패를 통해 얻은 교훈을 팀 내에서 공유하는 것이 중요합니다. 팀 전체가 하나의 목표를 향해 나아갈 때 비로소 더 강한 팀으로 거듭날 수 있기 때문입니다.

팀 성과가 부진할 때는 누구나 어려움을 느끼기 마련입니다. 하지만 이 시기를 잘 활용하면 개인과 팀 모두 성장할 수 있는 기회를 만들 수 있습니다. 소통과 협력을 통해 신뢰를 쌓고, 작은 역할이라도 꾸준히 해나가는 것이 중요하며, 실수 역시 성장의 과정임을 받아들이고 피드백을 통해 개선해 나가면 됩니다.

[TIPS] **팀 성과 회복을 위한 5가지 협력 전략**

★ 팀장 지원
★ 팀원 유대 강화
★ 긍정적 태도 유지
★ 구체적인 아이디어 제안
★ 장기적 관점 유지

AI 시대 _____ 영업자에게
필요한 ____ 피드포워드 리더십

피드포워드코칭

피드포워드코칭(Feedforward coaching)은 단순한 피드백을 넘어서 신뢰를 바탕으로 관계를 형성하며, 대상자의 미래지향적인 성장을 도모하는 코칭 방식입니다. 과거의 실수를 지적하는 피드백과는 달리 앞으로 어떻게 하면 더 나아질 수 있을지에 초점을 맞춥니다. 상호 존중과 신뢰를 토대로 코칭이 이루어지며, 코치와 대상자 간의 열린 소통을 통해 장기적인 관계를 구축하는 데 중점을 둡니다. 또한 피드포워드코칭은 팀원들 간의 협력을 증진하고 조직 내 긍정적인 성과 루프를 형성하는 데에도 큰 도움이 됩니다. 코칭을 받는 대상자는 지속적인 대화를 통해 자신의 강점을 인식하고 더 나은 목표를 설정하며, 이는 결과적으로 팀 전체의 성과 향상으로 이어질 수 있습니다.

6가지 요소

피드포워드코칭의 6가지 요소는 관계 형성, 강점 확장, 미래지향, 실행목표, 성장지원, 행동 변화입니다. 이 요소들은 코칭 과정의 단계별 순서와 매우 밀접하게 연결되어 있습니다.

코칭의 첫 단계에서는 '실행목표'와 '미래지향' 요소가 작용합니다. 미래 지향적인 질문을 통해 대상자가 실천할 목표를 명확히 하고, 자신의 성장을 바라보게 도와줍니다. 예를 들어, "다음 목표를 설정하며 어떤 강점을 활용할 수 있을까요?"와 같은 질문으로 목표 설정을 지원할 수 있습니다.

실행 지원 단계에서는 '강점 확장'과 '성장지원' 요소가 작용합니다. 대상자가 자신의 강점을 최대한 발휘하여 목표를 실행할 수 있도록 코치는 실질적인 지원을 제공합니다. "이 강점을 다음 미팅에서 어떻게 활용할 수 있을까요?"와 같은 질문이 실행을 효과적으로 유도할 수 있습니다.

성과 검토 단계에서는 '행동 변화'와 '관계 형성' 요소가 핵심적으로 작용합니다. 대상자의 성과를 주기적으로 점검하고 피드포워드 루프를 지속하여 일회성이 아닌 지속적으로 코칭을 유지합니다. "이번 목표를 달성하는 과정에서 어떤 배움을 얻었나요?"와 같은 질문으로 성찰을 유도하고, 팀워크와 협력을 강화할 수 있습니다.

미래지향적인 대화, 도전과 성과의 반복

피드포워드코칭은 미래 지향적인 대화와 작은 성공 경험을 통해 영업 초보자의 성장을 유도합니다. 초보자가 목표와 방향에서 혼란을 겪을 때는 명확한 행동 목표를 제시해야 하며, 실행 도중 동력을 잃지 않도록 지속적인 피드포워드 루프를 형성하는 것이 중요합니다. 이때 초보자는 도전과 성과를 반복하며 점진적으로 성장하게 됩니다.

영업 초보자들은 종종 "무엇을 개선해야 하는가?" 같은 질문에 대답하는 것 자체가 어려울 수도 있습니다. 이때는 목표를 명확하게 해야 합니다. 첫 고객 미팅 후 "잘한 점과 개선할 점을 잘 모르겠다"며 혼란을 느낄 때 코치는 "다음 미팅에서는 고객의 첫 질문에 어떤 방식으로 대응할 계획인가요?"라고 물어봅니다.

단계별 성과 유도

피드포워드코칭은 고성과자와 저성과자의 특성과 필요에 맞춰 맞춤형 접근을 제공합니다. 각각의 성과 수준에 따라 코칭의 방향과 대화의 초점이 달라지며, 이를 통해 모든 팀원이 최대한의 성과를 이끌어낼 수 있도록 지원합니다.

고성과자는 강점 확장과 미래 지향적 목표 설정이 매우 중요합니다. 예를 들어, 팀장은 고성과자에게 "이번 성과를 기반으로 더 큰 목표를 설정해 보겠습니까?"와 같은 질문을 던져 스스로 더 높은 도전을 하도록 유도합니다.

저성과자는 자신감 회복과 구체적인 실행 목표 설정이 핵심입니다. 예를 들어, 팀장은 "이번 주에는 어떤 작은 목표를 달성할 수 있을까요?"라는 질문을 통해 단계별 성과를 유도할 수 있습니다.

가능성에 집중하는 조직

기존의 피드백은 주로 과거 실수를 지적하고 이를 교정하는 데 중점을 두지만, 피드포워드코칭은 "앞으로 어떻게 더 나아질 수 있을까?"라는 질문을 통해 미래에 집중합니다. 또한 피드포워드코칭은 신뢰와 협력을 바탕으로 합니다. 팀장이 팀원들과 열린 대화를 통해 강점을 발견하고, 이를 바탕으로 협력할 수 있는 방안을 제안하면 조직 내 협업이 한층 강화됩니다. 피드포워드코칭을 조직문화에 반영하면, 과거의 실수 대신 미래의 가능성에 집중하는 환경을 조성할 수 있습니다.

팀워크 향상과 갈등 해결

피드포워드코칭은 팀워크와 갈등 해결 능력을 강화하는 강력한 도구입니다. 팀 내 갈등은 자연스러운 현상이지만, 이를 효과적으로 해결하지 못하면 성과와 관계에 부정적인 영향을 미칠 수 있습니다.

일반적인 갈등 해결은 과거에 초점을 맞춰 책임 소재를 따지기 쉽지만, 피드포워드코칭은 미래의 해결책을 모색하는 대화를 유도합니다. "다음 프로젝트에서는 어떤 방식으로 협업할 수 있을까요?" 같은 질문은 팀원들이 과거의 실수를 되풀이하지 않으면서도 해결 방안을 스스로 찾도록 도와줍니다.

갈등 해결 후에도 팀 내 성장이 지속되도록 피드포워드 루프를 활용하는 것이 매우 중요합니다. 정기적인 대화를 통해 팀원들은 협력 경험을 점검하고, 필요한 조정을 이어갈 수 있습니다. "이번 협업에서 배운 점을 다음에 어떻게 적용해볼까요?" 같은 질문은 갈등 이후에도 팀워크가 유지되고 발전할 수 있는 단단한 기반을 마련합니다.

피드포워드코칭은 갈등을 단순한 문제를 넘어 성장과 협력의 소중한 기회로 삼을 수 있습니다. 미래 지향적 대화와 강점 활용, 지속적인 코칭 루프는 팀원들이 더 나은 협업 방식을 발견하도록 돕고, 팀 전체의 성과와 신뢰를 높이는 데 큰 도움이 됩니다.

영업은 종합예술입니다

영업이라는 분야에 발을 디딘 여러분을 이렇게 맞이하게 되어 진심으로 기쁩니다. 30년간의 긴 시간 동안 영업을 해오며, 이 일의 진정한 의미와 가치를 마음 깊이 새기게 되었고, 그 깨달음을 여러분과 나눌 수 있는 기회를 얻게 되어 깊이 감사한 마음입니다. 이 책은 제가 마주했던 모든 경험과 고민, 그리고 성찰을 통해 완성되었습니다. 독자 여러분이 영업을 단순한 일 이상의 삶을 변화시키는 예술로 느낄 수 있기를 바랍니다.

영업이라는 길에는 특별한 매력이 있습니다. 영업은 단순히 상품을 판매하는 것이 아니라 고객의 삶에 가치를 더하고 그들의 성공을 진심으로 돕는 일입니다. "고객의 성공이 곧 나의 성공"이라는 신념을 품고 고객을 만나는 과정을 통해, 저는 진정성 있는 신뢰를 쌓는 것이 얼마나 중요한지 깨달았습니다. 고객이 진심을 느낄 때 영업은 비즈니스 관계를 넘어, 고객의 삶을 더욱 풍요롭게 만드는 동반자로서의 역할을 하게 됩니다.

영업의 세계는 한마디로 정의하기 어려울 만큼 다양하고 흥미롭습니다. 매 순간 새로운 사람을 만나고, 그들의 상황과 고민을 이해하려 애쓰며, 각각의 고객에 맞는 전략과 해결책을 찾아가야 하죠. 이 과정에서 자연스럽게 깨닫게 된 것이 있습니다. 바로 영업은 단 한 가지 방식으로 성공할 수 없다는 점입니다. 그래서 이 책에서 다양한 질문과 방법들을 다루게 된 것입니다. 영업은 한 가지 기술만으로 이룰 수 없고, 고객의 요구와 반응에 맞추어 조율하며 끊임없이 새로워지는 과정이 필요합니다. 이렇듯 영업이야말로 종합적인 예술에 가까운 일이라 할 수 있습니다.

제가 이 책을 쓰며 중요하게 생각했던 것은, 초보 영업자들이 한 번 보고 쉽게 이해할 수 있는 내용보다는, 오랜 시간 동안 반복하며 체득할 수 있는 깊이 있는 내용을 담아내는 것이었습니다. 영업은 단 한 번의 실습이나 경험으로 완성되지 않으며, 고객과의 관계 속에서 꾸준히 연습하고 반성하며 발전하는 것입니다. 각 질문마다 숨겨진 의도와 맥락을 깊이 이해하고, 이를 실제 상황에 적용해 보며 지속적으로 자신만의 방식으로 익히는 것이 필요합니다.

여러분에게는 앞으로 끊임없는 성장과 변화가 요구될 것입니다. 영업이라는 분야는 고객의 니즈와 시장 트렌드에 따라 매 순간 변하고 있습니다. 그래서 새로운 방식과 접근법을 배우고 실천하는 과정은 영업인에게 필수입니다. 제가 연구한 피드포워드코칭모델은 영업인들이 단순히 목표를 달성하는 데 그치지 않고 끊임없이 자기 자신을 돌아보고 발전시킬 수 있는 구조를 제공합니다. 이 모델을 통해 여러분이 자신의 성장을 주도하고, 고객과 함께 성장해 나가며 장기적인 신뢰 관계를 구축해 가기를 바랍니다.

영업의 매력은 여기에 있습니다. 고객을 이해하고, 그들의 삶에 진정한 가치를 더하며 그들의 성공을 이끄는 일을 하는 것은 매우 보람차고 의미 있는 일입니다. 또한, 영업에서 여러분이 얻는 성과는 여러분이 쌓아온 노력과 실력이 직접적으로 반영되는 결실이기 때문에 성취감 또한 특별합니다. 이 여정에서 여러분이 점차 자신만의 안전지대를 넓혀가며, 더 큰 자신감으로 나아가기를 바랍니다.

또한, 여러분이 이 책에서 얻은 질문과 스킬들이 종합예술의 중요한 요소들로써 조화를 이루어 고객과의 관계에서 그 진가를 발휘하게 되길 바랍니다. 고객의 언어와 신호를 읽어내는 세심한 감각, 그들의 진짜 필요를 파악하는 기술, 그리고 그들이 진정으로 원하는 해결책을 창의적으로 제시하는 것까지, 모두가 유기적으로 연결될 때 고객의 신뢰는 깊어질 것입니다. 영업의 본질은 바로 이 모든 요소들이 함께 결합되어 고객과의 진정한 관계를 구축해 나가는 종합예술이라고 할 수 있습니다.

마지막으로, 여러분에게 꼭 당부하고 싶은 말이 있습니다. 영업의 여정은 결코 쉽지 않습니다. 때로는 실패와 거절에 부딪히며 마음이 흔들릴 때도 있을 것입니다. 그러나 포기하지 않고 꾸준히 연습하고 도전하다 보면, 어느새 여러분의 실력과 자신감은 눈에 띄게 성장해 있을 것입니다.

여러분도 충분히 해낼 수 있습니다. 이 책이 여러분의 영업 여정에서 힘이 되는 길잡이가 되길 바라며, 성장과 성공을 향한 발걸음마다 이 책이 든든한 동반자가 되길 진심으로 응원합니다.

참고문헌

김진영·유기웅(2023) : 영업사원의 성과향상을 위한 관리자의 피드포워드(Feedforward) 제공 경험 탐색. 역량개발학습연구 제18권2호 : 1-29 (2023.06.30.)

김진영(2024) 영업사원의 성과향상을 위한 관리자의 피드포워드코칭모델 개발. 숭실대학교 일반대학원 평생교육학과(2023.12)

김진영·유기웅(2024) 영업사원의 성과향상을 위한 관리자의 피드포워드코칭모델 개발. HRD연구 제26권2호 : 1-29 (2024.05.31.)

07
요즘 것들
4차 산업혁명을 이끌 위대한 별종과 공존하는 기술 | 허두영

10
첫 출근하는 딸에게
요즘 것들을 위한 직장생활 안내서 | 허두영

11
당신 참 매력있다
품격을 높이는 관계의 연습 | 송인옥

17
지시말고 질문하라
당신이 조직을 이끌 단 하나의 방법 | 이관노

14
일 잘하는 사람의 업무교과서
문제해결과 기획편 | 홍종윤

12
어쩌다 13년째 영어학원을 하고 있습
영알못 원장의 학원시장에서 살아남기 | 문운

18
5분의 혁명 감정리폼
오만가지 생각과 마음 정리의 기술 | 김현숙

19
마케팅 좀 아는 사람
마린이를 위한 20년 차 선배의 핵 노트 | 김종영

20
인턴
그저 그런 인턴으로 끝나지 않게 | 김지은

25
핸즈커피 이야기
18평 1호 매장에서 160호 매장까지 | 진경도

23
뉴욕타임스 읽어주는 여자
국제뉴스 한 권으로 벼락치기 | 박세정

22
노후 맑음
당신의 노후는 안녕할 수 있겠습니까 | 이종

26
버릴래? 말래?
나를 돕는 미니멀 라이프 | 이지민

27
이기는 행동력
열심히를 뛰어넘는 38가지 승리공식 | 이수연

 씽크스마트 | www.tsbook.co.kr | thinksmart@kakao.com